リッツ・カールトン たった一言からはじまる「信頼」の物語

THE STORY OF "RELIANCE" IN THE RITZ-CARTON

人とホスピタリティ研究所所長
前リッツ・カールトン日本支社長
高野登
Noboru Takano

日本実業出版社

目の前の仕事を
豊かな未来につなげたい人のために——

はじめに

この本を手に取っていただき、ありがとうございます。皆さんと素敵な時間を共有できますことを、とても嬉しく思います。

さて、皆さんは毎日、素敵な物語がたくさん生まれる仕事をしていますか？日曜日の夜、「さあ、明日は月曜日だ、嬉しいな。また職場に行けるぞ。大好きな仲間達と仕事ができる。大事なお客様をみんなで笑顔にするのだ！」そんな思いで眠りについているでしょうか。

そんな会社、この世に存在するはずない。そう思われた方もいらっしゃると思います。でも世の中には、月曜日が待ち遠しいと、本気で思っている人達がたくさんいる会社もあるのです。

もう一つ、お聞きしましょう。

皆さんは、旅はお好きですか？　飛行機は苦手でも、旅は好き、という方が多いのではないでしょうか。

では、思い出してください。「いい旅だったなあ」というときと、「今回の旅はなんだか物足りなかったなあ」と感じたとき、その違いはどこから来るのでしょうか。

おそらく、旅の中で生まれた思い出の量と質で、分かれるのではないかと思うのです。

たとえば、こんな場面です。

今、あなたは、沖縄の離島にいて、パンフレットに載っている写真撮影スポットで、家族写真を撮っています。

そこに、島のお婆《ばあ》が近づいてきました。

「あんたらどこから来たの？　ほう長野！　それは嬉しいね〜。こっちに秘密の写真スポットがあるさ。教えてあげようね〜」

とニコニコして、パンフレットには載っていない場所に案内してくれました。

「ここにはね、柵がないさ。だから旅行会社はパンフレットに載せないのさ。でもここが一番綺麗さ〜。さあ並んでごらん。写真撮ってあげようね」

もちろんパンフレットには、「この島では写真を撮っているとお婆が現われる」、なんて一言も書いてありません（笑）。まさに、島のお婆のおもてなしなのです。

こんなことが起きると、旅から帰った後で、家族や友人、みんなに話したくなりませんか。この写真も宝物です。旅の中で生まれた大事な物語、思い出なのです。

相手の立場になって、考えて行動したときに、思わぬ物語が生まれます。旅先であれ、仕事の現場であれ、どこにでもあるような風景が、特別な景色に変わる瞬間があるのです。

毎日の目の前の出来事を、色あせたセピア色の景色と見るか、白黒の世界と見るか、それとも色鮮やかな世界の景色と見るのか。

仕事の現場でも、このお婆と旅人のような物語がたくさん生まれます。ちょっとした行動から生まれる、色鮮やかな出会いやご縁です。

そして、そのご縁が強い絆へと育まれていくときに、どれだけ強い信頼が生まれるかで、その後の展開の広がりと深さが決まっていくのです。

上司と部下、先輩と後輩、営業マンとお客様、企業とそのお取引先の会社。出会いの形も関係もそれぞれです。しかしそこに信頼という血流がなければ、温かな人間関係へと育つことはないでしょう。

「さあ明日は月曜日だ。また会社に行ってみんなと働けるぞ！」

そんな気持ちが生まれるのは、信頼という強い絆で結ばれた組織の中では、ごく普通のことなのです。

信頼が生まれるとき、信頼が崩れていくとき、そこで何が起きているのか。

この本を通して、一緒に考えることができたなら、とても嬉しく思います。

２０１３年　早春の佳き日に

高野登

第2章

信頼が生まれる人の仕事術
～言葉にならない想いへの寄り添い方～

第3章

仕事のパートナーや仲間と「信頼」を築く

～チームで「美しい仕事」をしよう～

第4章

初対面で信頼していただくために
～相手に関心を持つことが第一歩～

第5章

リーダーとして「信頼」を得る
〜「手放して信じる」ことから、すべてははじまる〜

第6章

信頼が壊れるとき

〜気づかないうちに、あなたの可能性を奪っていること〜

第7章

「信頼」の力を磨く
～成長し続けようとする努力が、あなたの軸を作る～

装丁◎井上新八
カバーイラスト◎いとう良一
本文デザイン・DTP・イラスト◎ハツミコウイチ（アスラン編集スタジオ）

序　章

信頼とは何か

～未来につながる物語の種を蒔こう～

「あの人、仕事はできるんだけどね……」と言われないために

信頼は「能力」×「人間としての力」で決まる

「あの人は信頼できる」

日々仕事をする中で、私達は何気なくこういった表現を使っていますが、そもそも「信頼」とはどういうことでしょうか。

私は、**信頼は、あらゆる場面で人と人をつなげていく〝力〟であると考えています。**単純に「素敵な人」といった印象の問題ではなく、周囲の人に影響を及ぼす実効性のある力ではないかと思うのです。

私達は、誰もが人と接点を持ちながら仕事をしています。

接客業に携わっている人はもちろん、会社で仕事をしている人であれば、上司や部下、同僚との関わりがあります。個人で仕事をしている方でも、お客様、パートナー

など、様々な人との関係の中で仕事をしていると思います。
人と人とが関わり合うとき、「信頼できる」人は好意を持たれ、仕事を順調に進めていきます。

あなたも仕事をする中で「あの人と会うと、前向きな気分になる」という人はいないでしょうか。もしくは、「あの人なら安心して任せられる」と思う人はいませんか？

リッツ・カールトンは、そんな「あの人」のような存在を目指しています。
実際に、外部のスタッフがリッツ・カールトンに来た後、はつらつとした表情になる様子をしばしば見かけます。それは、彼らがリッツ・カールトンでプラスのエネルギーを受けているからにほかなりません。

「こんにちは。いつもありがとうございます」
「こんにちは。今日も頑張ってお客様をお迎えしましょうね」
そんな一言からエネルギーが伝わり、信頼の物語が紡がれていくのです。

一度エネルギーが伝われば、それは空間的にも時間的にも広がっていきます。

よいエネルギーを持つ人同士がつながれば、お互いを高め合いながら、さらに創造的な仕事に向かっていけます。働いているスタッフがプラスの力で結びつけば、お客様にも心地よい空間を作ることができます。

また、相手に「もう一度、会いたい」、「もう一度、来たい」と思ってもらえたら、そこから新たな接点が生まれます。その点がつながれば、未来につながる物語を作ることができます。

◉信頼は「スキル×人間性」

では、「信頼」という名の力は、一体どこから生まれてくるのでしょうか。

スティーブン・R・コヴィー博士は、有名な著書である『7つの習慣』(キングベアー出版)の中で、このように表現しています。

「信頼とは、その人の持っている人間としての力と、その人の持っている能力のかけ合わせである」

つまり、ビジネスに必要な知識やスキルと、性格や人間性、その二つがかけ合わさったときに、その人の信頼の大きさが決まってくるということです。

信頼はかけ算ですから、数式で考えればわかりやすいと思います。

仮にある人が10段階で8のスキルを持っていても、人間性が0・5であったなら、8×0・5＝4となり、信頼は半減します。

「あの人、腕はいいいんだけどね……」

「仕事は確かに速いと思うけど……」

と評価されてしまう人がこのパターンにあてはまります。

非常に素晴らしい学歴を持ち、知識が豊富で高いスキルを持つ人であっても、人格に問題があるとみなされれば、信頼度にも疑問符がつきます。

◉「いい人」なだけでは、信頼されない

一方で、どれだけ性格がよくても肝心の能力が足りなければ、やはり信頼を得るのは難しくなります。

先日、私が新大阪駅からホテルに行くためにタクシーに乗ったときのことです。運転手さんはとびきり愛想のよい人で、丁寧で気持ちのよい対応をする人でした。

「この橋から見る景色が大阪イチ綺麗なんですわ」

などとガイドをしながら、わざわざ橋の上でスピードを落として街を案内してくれます。とにかく悪い人ではないのですが、肝心の目的地にはなかなか着きません。

「あれ？　運転手さん、ここさっき曲がったよね？」

「いや、この辺のはずなんやけどなあ……」

「あまりこの辺りは来ないんですか？」

「いや、昼はよう来るんやけど、夜に来たのが初めてで……」


結局、30分以内で着くはずのところに、50分近くかかってしまいました。

確かにこの運転手さんの対応は丁寧なものでした。でも、タクシーの運転という仕事の本質は何かを考えると、ある場所からある場所へいかに速く安全に移動できるか、ということです。ですから、その本質が満たされなければ、信頼を損なってしまうわけです。

「能力」と「人間性」は車の両輪と言えます。片方の車輪がゆがんでいたり、壊れていたりしたら車は前に向かって進めないのと同様に、二つの要素がかみ合ってはじめて、私達は力を存分に発揮できます。

人は能力も人間性も磨くことができます。だから、**努力すればするほど、信頼を勝ちとることができます**。反対に、少しサボっただけでも、信頼はあっけなく損なわれてしまいます。

本書では、信頼という力を鍛えるためにどうしたらよいかを、一緒に考えていきたいと思います。

POINT

能力と人間性の両方を鍛えることではじめて「信頼」が培われます。

「あの人は、想像以上のことをやってくれる」

「便利な人」と「信頼される人」の違いは何か

「信頼」に似た言葉で、「信用」という言葉があります。

「信用」とは、文字通り「信じて用いる」ことです。

「あの人なら、会社のお金をごまかさないだろう」

「あの人なら、コピーを10部とってくれと頼めば、きちんとやるだろう」

そういった、「言われたことをやる」ミスのない仕事ぶりが信用を型づくります。

一方、信頼は「信じて頼る」ことです。

「あの人にお願いしたら、きっと素晴らしい提案をしてもらえる」

「あの人に情報を伝えたら、自分なりに翻訳して、もっと必要な情報まで付け加えてみんなに話してくれる」

「あの人にコピーを頼んだら、会議の内容を踏まえて、ブレスト用の付箋紙を添えて戻してくれる」

このように、信用に、「だから、あの人に頼もう」というプラスの要素が加わった結果、「信頼」が作られるのだと思います。

そこで生まれてくるものは、単純に、間違いがないから仕事をお願いするという関係ではありません。「これはありがたい！」と相手に思われる、想像を超えた何かをやりとりすることではないかと思うのです。

これが、信じて用いると、信じて頼る、との違いです。「こいつは頼りがいがある」というのと、「あいつは便利だ」というのは、明らかに違った価値観です。

◉「相手の望み」を考えて行動する

この「信用」と「信頼」の違いは、「サービス」と「ホスピタリティ」の違いに置き換えることもできます。

「サービス」とは、マニュアルに基づき、間違いなく一定の品質を提供することです。ホテルで言えば、毎日、洗濯したシーツに取り替え、髪の毛一つ落ちていないように掃除するのがサービスです。

サービスで大事なのは、言われたことをきちんとやり続けることです。サービスとは「約束」だからです。提供すべきものを提供し続ける。これは会社やホテルの信用につながります。

これに対して「ホスピタリティ」とは、一人ひとりのお客様に自分の気持ちを寄り添えたときに、自然と導き出される「おもてなし」を意味しています。

たとえば、

「普段はテーブルにお花を置くけれど、このお客様はテーブルでお仕事をされるようだから、違う場所にお花を置こう」

「普段はソファをテーブルのほうに向けるけれど、このお客様は夜景を楽しみながらソファに座るようだから、少し外側に向けておこう」

このように「相手が何を望んでいるのか」を考えて行動した結果、生まれるのが「ホスピタリティ」なのです。

もちろん、「間違いを犯さない」というのは、信用と信頼の両方につながります。

でも、「□□さんなら、お願いした以上のことをやってくれるだろう」と想像でき

るのは、信用ではなくて信頼関係なのです。

お客様から、「この人は、予想以上のことをやってくれる」と期待されてはじめて、信頼の物語がはじまります。

会社のトップや上司の場合は、「この社員なら、ホスピタリティ精神を持ってここまでのことをやってくれる」と期待できてはじめて、迷いのない信頼関係が生まれます。

一人のビジネスパーソンとして、決められた時間内に決められた仕事をこなすだけで満足なのか。自分の意思で行動し、周囲に信頼されながら仕事をするのか。

どちらがプロとして楽しい仕事になるのかは一目瞭然でしょう。

■ POINT ■

「予想以上のことは何か」を常に考えて行動するとき、「信用」が「信頼」に変わります。頼れる人と、便利な人の分岐点です。

「特別」だけど、「手に届く」

あなたらしい信頼のブランドを作ろう

ビジネスの世界では、ブランド作りの重要性がしばしば語られます。なぜブランドが重要かと言うと、ブランドによって企業や個人としての魅力が高まるからにほかなりません。

人は「エルメス」や「メルセデス・ベンツ」といったブランドに魅力を感じるからこそ、そのブランドの製品を購入したいと思います。だからブランドを作ることは、魅力を作ることでもあるのです。

ブランドの魅力を支えているのは「○社の製品であれば、品質は絶対に間違いない」、「○社の製品を持てば、もっと自分を輝かせることができる」という信頼感だと私は考えます。つまり、ブランドを作るプロセスは、そのまま信頼を作るプロセスにも直結しているのです。

ブランドを作る原則として、まず、**特別な存在であると同時に、身近な存在でもある**、ということが大事だと思います。

たとえば、イギリス王室の王冠は、特別なものには違いありませんが、ブランドにはなりえません。顧客にとって手の届かない存在だからです。

一方でティファニーの指輪は、入手可能でありながら、特別なものでもあります。でも、ティファニーが、ロゴ入りの100円ボールペンを販売したら、あまりに身近すぎてブランドとしての価値は低下してしまうのではないでしょうか。

ブランドは「特別」と「身近」の間に位置づけられます。

リッツ・カールトンのブランドも、実はこのバランスのうちに成立しています。

リッツ・カールトンは「トップ5%のお客様を対象とするホテル」を標榜《ひょうぼう》しています。しかし、実際に「トップ5%」の富裕層だけが利用しているかというと、現実にはもっと幅広いお客様が利用しています。

「トップ5%の人が泊まるホテルは、一体どんなおもてなしをしてくれるのだろう」

と興味を持ったお客様もいらっしゃる。その意味で「特別」でありながら「手の届く存在」でもあるのです。

◉優秀で忙しいけど、「親しみやすい人」を目指す

これは個人でも同じです。「あの人と仕事をしたい」と言うときの「あの人」になるためには、ブランドを作らなければなりません。

「あの人はいつでも暇そうにしているので仕事を引き受けてくれる」「あの人は特別すぎて一緒に仕事なんてできるわけがない」

これはブランドのバランスに偏りがあります。

謙遜《けんそん》して「いつでも大丈夫です」と伝えるのは親しみやすさにつながりますが、「本当にいつも暇」となると、大丈夫かな、と思いますよね。

理想としては、「本当に忙しいけれど、可能な限り、時間を作ってくれる」という線が望ましいと思います。「本当に忙しい」、でも、「スキルやスピードは特別に優れている」、「人間的には決して偉ぶらずに分け隔てなく接してくれる」。そんな評価を

得ることです。

「あの人はとても評価が高くて仕事の依頼がひっきりなしのようだけど、こちらの熱意を伝えて共感してもらえば、オーケーしてもらえるかもしれない」

このように「特別だけど、手に届く」存在として認知されるような仕事を目指すのです。

さらに、「あの人忙しそうだけど、ワイン好きでね。飲みながらお願いしたら、オーケーだったってよ」といった逸話があると、どこか親しみやすさを感じますね。

◉繰り返すことで「本物」になる

ブランド作りの原則の二つ目として、「やるべきことを繰り返しやり続ける」ことも忘れてはなりません。それを通じて、ブランドの「型」ができてくるからです。

リッツ・カールトンの企業体質を一言で表わすと、コツコツ。つまり、自分達がやるべきことを繰り返しやるエネルギーを持ち続けるということです。

繰り返すことで信頼がどんどん厚くなり、揺るぎないものになっていきます。サービス内容も、練られていきます。繰り返すことで、ブランドや信頼がさらに肉づけされるのです。そしてそれは、間違いなく「本物だ」ということがお客様に伝わる型となるのです。

これは企業だけでなく、人でも同じだと思います。「あの人、信頼できるね」と言ったときに、「ちょっと偽物っぽい」人はいないわけです。

本物としての力が伝わってくる、誰が見ても本物としての仕事をしている、と感じさせる力は、毎日の仕事の繰り返しの中で、研鑽《けんさん》していくしかありません。

そして、その中で、あなたらしい物語が生まれるのです。

POINT

多忙だけど頼みやすい、やるべきことをやり続ける。
この二つを意識するのが「信頼」作りの鉄則。

第 1 章

信頼を作るための小さな習慣

～些細な心配りが人の心を動かす～

「お時間、大丈夫ですか?」

相手の時間に敬意を示すことは、相手に敬意を示すこと

電話をかけるときの第一声として、あなたはどんな言葉を使っているでしょうか。

私がアメリカで体験したことを一つお話しします。

◉「Do you have a minute?」

アメリカ人から電話がかかってくると、必ずと言っていいほど、「Do you have a minute?（今、時間ありますか?）」、あるいは、「Can you talk now?（今、話せますか?）」

という一言からはじまります。

特に携帯電話にかけるときには、相手がオフィスにいないことが前提です。移動中

だったり、これから運転しようとしていたりという「不都合な状況」が想定されます。だから、常に相手は最悪の状況で電話の中にいると想像して、「Do you have a minute?」と確認します。

この言葉は、「今、ちょっとあなたの時間が欲しいのだけれど、大丈夫?」という、相手の時間に対する敬意の表われなのです。


「相手は忙しくて、電話に出ている場合ではないかもしれない」

「相手は前回の打ち合わせの内容について、忘れていることがあるかもしれない」


自分が用件を伝える準備ができているかどうかだけではなく、**常に相手は最悪の状況で通話していると考える**と、電話の第一声も変わってくるはずです。


「私、○×社の○○です。○○の件でお電話を差し上げたのですが、今、お時間大丈夫ですか?」

「ちょっと今、締切り前の仕事があって、手が放せないんです」

「それでは、何時にお電話を差し上げればよろしいでしょうか」

「夕方4時にお願いできますか」

「それでは、4時に改めてお電話いたします」

「慣れた相手だから」と考えているのか、第一声ではっきり名乗らなかったり、いきなり要件を話す人もいますが、電話は電波を飛ばして一方的に相手の時間に入り込むものです。だからこそ、相手の時間に対する気遣いの言葉をかけましょう。この小さな繰り返しが、「これから5年、10年にわたって一緒に仕事をしたい」という印象を形づくり、信頼の物語につながっていくのです。

◉閉店時間後もお付き合いしたバーテンの気持ち

リッツ・カールトンの根底にも、お客様の時間に対する敬意があります。

時間外にルームサービスをお願いされたら、その時間にお持ちできる範囲で、できる限りのものを準備しようとしますし、時差で疲れたお客様には、ディナーの時間でも、おかゆなど胃に負担のかからないものを提供しようとする理由はそこにあります。

リッツ・カールトンのバーに、ある二人連れのお客様がいらしたときのことです。久しぶりに会ったのでしょうか、二人の話は尽きず、旧交を温めています。

しかし、バーの営業時間は決められています。

そのとき、「申し訳ありませんが、」と二人の話を止めることはできます。でも、その日のバーテンは、閉店時間であることを告げず、朝までお付き合いをしてしまいました。あれだけ盛り上がっている二人の時間を壊すことはできない、と思ったのです。

翌朝二人は、ゆっくり語る時間を持てたことを感謝していました。

◉「誰だって時間がない」からこそ、相手の時間を大切にする

「時間」という言葉をどう使うかは、お客様との信頼につながるポイントです。

「時間がありません」

「時間があるときにやっておきます」

こうした言葉は仕事でもよく聞かれますが、間違いなく信頼を失う言葉です。

お客様から何かを頼まれたとき、ホテルマンの返答は、基本的に「かしこまりました」、「ただちにいたします」しかありません。忙しくても、「かしこまりました」です。万一、自分が動けない場合は、速やかにその旨を別のスタッフに伝え、お客様の

前でそのスタッフに交代します。

誰でも仕事の時間は有限です。その中で、全員が精一杯仕事をしています。自分だけが忙しいというのは、手前勝手な言い分です。

そこに気づけば、時間に対する感覚に変化が生まれ、相手の時間の使い方を尊重する意識が芽生えてくるはずです。

たとえば、相手が忙しい相手であるとわかっていたら、メールのタイトルを、「◎◎の件です　山田○子」などと、要件がひと目でわかるようにしようという工夫が生まれますね。

相手の時間を尊重すれば、必要な気遣いは自然に生まれてくるのです。

POINT

相手の時間を尊重することが、相手を大切にすることにつながります。

「あの人は、なぜスーツの襟元を持っているのか?」

持ち物に込められた相手の想いを受けとめよう

あなたは、名刺や資料などを相手から渡されたとき、どんなふうに受けとっていますか? 相手が大切にしているものをどう扱うか。その仕草は、相手との人間関係を今後どうしたいのか、を大いに語ります。

ホテルでは、お客様の荷物やスーツをお預かりすることがあります。

そのときお客様が、自分のスーツの襟元を持って、スーツ全体を吊り下げた状態で、「これをお願いします」と、手渡したとします。

一見、片手にスーツを折りかけるように受けとって、ハンガーにかければ問題ないように思えます。でも、ここで目を向けたいのは「どうしてそのお客様が襟元を持っているのか」ということの意味です。

もしここに「スーツを伸ばした状態にしておきたい」という気持ちを読みとることができたら、お客様と同じようにスーツの襟元を持ち、伸ばした状態で受けとったほうがよいことに思いが至ります。こうして、あなたの大切な持ち物をお預かりしていますよ、ということを行動で表わすのです。

◉持ち物に込められた「お客様の物語」を大切にする

どんな小さなものでも、その人の持ち物には、その人ならではの思い入れがあるはずなのです。大切なのは、コートの持ち主が、それをどのように大切にしているかを感じたうえで、相手にとって最も気持ちのよい方法で扱うという意識です。

たとえば、お客様がキャリーバッグを引きながらホテルに到着し、ホテルマンに荷物を預けます。そこで、ホテルマンがお客様と同じようにキャリーバッグを引きながら運んだとしたらどうでしょう。お客様は決してよい印象を持たないはずです。

こんなとき、リッツ・カールトンでは、バッグのハンドルを持つか、あるいは両手で抱えて持ち運びます。こうすることで、お客様に「大事なものをお預かりしています」というメッセージが伝わります。

持ち物の受けとり方一つとっても、自分達のスタイルで行なうのではなく、お客様に合わせることが求められるのです。

相手の心に自分の心を寄り添えてみたとき、私達はある種の「温度」を感じることができます。それはお客様が、バッグや時計や帽子といった持ち物に対して抱いている思い入れから感じるものなのです。

「相手が大切にしているもの」と思えば、扱い方も変わります。キャリーバッグを、カラカラと引っ張って運ぶわけにはいきません。両手で持つ、もう一つ荷物があるのであれば片手で持つ、そして床にはつけない、ということになりますね。

お客様の想いを感じたら、それを受けとり、「お客様の大事な持ち物は、私も大事に扱います」ということを行動で示します。それは必ず相手に伝わるのです。

◉名刺の受け方一つにも、相手との関係が表われる

名刺の受け渡し方にも、信頼感が生まれる瞬間があります。

小さな接点を大切にしている人は、名刺入れを単なる「名刺を入れるための道具」

とは考えません。「相手の名刺を迎えるための座布団」として捉えます。

名刺入れを「道具」として捉えている人は、名刺を交換するときに、名刺入れに自分の名刺を載せながら差し出します。

しかし、名刺入れを「座布団」として捉えれば、名刺入れに自分の名刺を載せるのは、自分が座布団の上に載ったまま、相手に挨拶するような行為であると気づきます。

初対面の人の家を訪問したときのことを想像してみてください。部屋に入ったとたんに、すぐに座布団の上に座るのは礼儀に反していますね。「どうぞ、座布団をお使いください」と言われるまでは、畳の上に正座して控えるのが本来の礼儀と言えます。さらに、家主が座布団に座っていて、客人に座布団を勧めないなど、ありえないことです。

だから、相手の名刺を座布団（名刺入れ）の上にきちんと受けとめ、その名刺を拝見してから、自分の名刺を差し出す。このような振る舞いになるはずです。

このように、名刺の扱い方を見れば、相手とどのような人間関係を築きたいのかが、伝わってきます。

たとえば、いただいた名刺を見もせずに、隣にいる秘書に渡す人もいます。そんなとき、「この人は絶対自分のことを覚えてくれないな」と思いますね。と同時に、「この人も以前は普通に名刺交換をしていただろうに、偉くなって変わってしまったのだろうな」と、マイナスのイメージも抱きかねません。

もちろん、100人も人が並んでいるような場であれば、仕方がないと思いますが、「目を合わせることもせず、常に右から左へ」という扱い方からは、その人の人間関係の作り方の一面も伝わってきます。

日常にある「小さいけれど、実は大切なこと」を丁寧に行なうことで、相手との関係も変わってくるのです。

POINT

「信頼」される人は、些細な物事のやりとりにも心を込めています。

「もしよろしければ、準備の時間をおとりしましょうか？」

信頼される人の「先読み力」

信頼感のある仕事をする人は、「先読みする力」を持っています。相手が不安に感じていたり、心配していることを事前に察知し、一つでも解消できるように心を配ります。それが「あの人にぜひ仕事をお願いしたい」という感情を生み出します。

たとえば、リッツ・カールトンではホテルのロビーに入ってくるお客様を見た瞬間に、「何かお困りですか」と尋ねるのではなく、「どちらのお式にいらっしゃいますか？」、「どちらの会議に出席されますか？」などと声をかけて案内をします。お客様の格好を見れば、ご婚礼かビジネスかは判断がつきます。そのうえで、不慣れなお客様を自然にサポートしていくのです。これなどは先読みする力の基本中の基本とも言える行動です。

ある講師仲間の話です。

彼は、あるとき真冬の北海道で講演をすることになりました。講演は午後から開始される予定です。飛行機が順調に運航すれば、東京の羽田空港から当日午前9時のフライトで充分間に合います。

しかし、雪の影響で飛行機が遅れたり欠航したりする懸念もあります。万が一そんな事態になると、講演ができず、足を運んでくださる参加者を失望させかねません。

そんなことを漠然と思っていたところ、主催者の方がこんな提案をしてくださいました。

「この時期の北海道ですから、雪で飛行機の運航に支障が出る可能性があります。可能であれば、前日入りしていただけると、心配もなくなります。○○先生の朝の慌ただしさも軽減されると思います。よろしければ、こちらでホテルもおとりしておきますが、いかがされますか？」

彼は、主催者のありがたい申し出に感謝し、講演前日の最終便で現地に向かうことにしました。結果的に、翌日のフライトに支障はなかったのですが、彼は安心して講演に集中できたのです。

講演の主催者は、講師に対して「前日入り」と「ホテルの手配」を提案しました。
この提案には次のような主催者の想いがあったのだと思います。
・講師の方には確実に来ていただき、参加者の期待に応えたい（セミナーの中止・延期はしたくない）
・飛行機が定時に飛ぶかどうか、講師の方も心配しているのではないか
・だとしたら、宿泊費を負担してでも、前日から来ていただいたらどうか
すると、講師の不安も解消できるし、当日は万全の態勢で講演を行なうことができます。

一方、電話のやりとりを通じて、講師は主催者の仕事に対する熱意や責任感を感じ、「この人となら安心して仕事ができる」という想いがわいてきます。

◉相手に「選択する」余地を残す

ここでは、双方の都合を伝えながらも、最終的には、相手への選択肢を用意する、ということもポイントです。

たとえば、遠方の取引先の方が自社の会議でプレゼンを行なうとします。

来ていただくための飛行機のチケットをとろうとしたら、11時30分からプレゼンがはじまるのに対し、会社に10時30分頃に着く便と、11時過ぎに着く便しかありません。万一のことを考えると、早めに到着してもらったほうがよいのですが、そうすると、相手は早朝から支度《したく》をしなければならないかもしれません。

そのとき、「10時30分に着く便をおとりしました」と伝えるのは簡単です。

しかし、相手の気持ちを考えるなら、次のような提案をしたらどうでしょう。


「○月○日に弊社で行なっていただくプレゼンの件でお電話しました。当日は、弊社に午前11時前後に到着すれば間に合いますが、あいにく、10時30分頃弊社に入れる便と、11時過ぎの到着になる便しかありません。10時30分にお越しいただければスライドの動作も確認できますし、事前の打ち合わせ時間も余裕をもっておとりできますが、早過ぎるでしょうか？」

「もし、11時少し過ぎの到着でも間に合うなら、そちらのほうがありがたいのだけど」

「現場での打ち合わせ時間が少し減りますが、大丈夫ですか？」

「大丈夫です。これまで何度も打ち合わせはしているから」

こんな一言を挟むのに、3分とかかりません。

でもこのやりとりがあるだけで、相手は余分な時間をとらずに済みます。さらに、自分の時間を尊重してくれたことに、感謝してくれるかもしれません。

たった数分間の電話をかけるだけで、相手が感じる信頼の度合いはまったく違ったものになります。

様々な事態を想定し、常に先回りをして言葉をかける。その努力を惜しまない人が、信頼を得ながら仕事をしているのです。

POINT

自分で選択できると、相手の納得感が高まります。

バックヤードでも「あのお客、また来てるぞ」とは絶対に言わない

舞台裏の言葉にその人の信頼性が現われる

信頼は日常的な感性から生まれるものだと言えます。

仕事の表舞台から降りたときの振る舞いも、信頼作りに大きく影響を及ぼすのだと思います。表舞台から離れても、プロフェッショナルとして「緩めていい感性」と「緩めてはいけない感性」があるのです。

だから、リッツ・カールトンでは、舞台裏はもちろんのこと、ホテルの外で友人と会話をしているときでさえ、お客様の悪口や職場の愚痴は決して言わないのです。

ホテルのレストランに気難しい常連客が来ました。

あるホテルでは、バックヤードで「あの客、また来ているぞ。うんざりだな」と仲間内で話し合っています。

一方で、別のホテルでは、こんな会話が交わされています。
「今日もまた、あのお客さんが来ているね。どうやって言葉をかけようか」
「それなら、今日は僕に任せてもらえるかな」

お客様の感性のアンテナは、舞台裏を含めたホテルマンの感性を敏感にキャッチします。その証拠に、後者のホテルでは、ホテルマンがかけた一言をきっかけに、お客様とホテルマンの関係がどんどんよくなっていきます。

◉プロとしての振る舞いに誇りを持つ

舞台裏で、どのような言葉遣いをしているかによって、その人の仕事の姿勢が決まります。お客様と対面したときだけ取り繕うことなど、できるものではないのです。特に気難しいお客様は、自分を鍛える試金石のような存在なのです。

社会人にとって、会社に勤務している時間は、プロとして持てるパフォーマンスを存分に発揮して、お金をいただくための時間です。プロである以上、このことは一瞬でも忘れてはならないと思います。

休憩時間や昼休みも同様です。これらは、体と心を休めたり、食事をとる時間ではありますが、プロとしての立ち位置を忘れていい時間ではありません。「課長がさあ」、「だいたい、主任は細かすぎるのよ」などと話している人も見かけますが、職場への不平を述べたり、愚痴をこぼしたりするための時間とは違うのです。

もちろん、家族や気心の知れた友人に向かって、弱音を言いたくなることはあるでしょう。人間は弱い生き物ですから、それは仕方がないことだと思います。でも、職場で、あるいは職場を離れた場でどのような話をするかは、プロとしての立ち位置を間違いなく決定づけます。

外で食事をしていると、隣の席から職場の悪口が聞こえてくることがあります。あえて聞き耳を立てずとも、ふとした言葉の断片から、その人達の業界や勤務先がわかってしまうこともあります。

これはリッツ・カールトンではおよそ考えにくい振る舞いです。リッツ・カールトンで働くホテルマンは、会社の就業時間を離れても、一人ひとりが会社を代表する大使としての意識を持っているからです。

リッツ・カールトンのクレドには、こんな一文があります。

「私は、自分のプロフェッショナルな身だしなみ、言葉づかい、振る舞いに誇りを持ちます」

これは何も職場にいるときだけの話ではありません。自分にプロとしての自覚があるのであれば、プライベートで友人と会う機会であっても、その意識に基づいて、常に自分を律しつつ行動するということです。

すると、だんだんとそれが自然になり、「あの人にならいつ頼んでも大丈夫だ」という信頼感につながります。そうした普段からの心構えが、より一層プロとしての自分を高めていくのだと思います。

■ POINT ■

信頼感のある仕事は「普段のあなた」の振る舞いから生まれることを忘れずに。

「こんにちは。ずいぶんと冷え込んできましたね」

些細な接点を大切にすると、あるとき電流が流れる！

「信頼」の物語は、些細なことの積み重ねで作られるものです。

「些細なこと」というのは、日常の中で起きる、あらゆる接点のことです。それを一つひとつ大事なものとして、きちんと捉えるか捉えないかで、その先の接点が大きく変わってきます。

お客様に挨拶をするときも、「こんにちは。今日は寒いですね」などと、挨拶に一言を添える。こんな些細なことでも、接点は育てていけるのです。

これはお客様だけに限りません。

たとえば、ホテルに宅配便の人が、お客様の大事な荷物を運んできてくれます。考えてみると、ホテルマンの心情としては、お客様の大事な荷物は、本当は自分達が届けたいと思っているはずなんです。でも、それは物理的に難しい。それを代わりにやってくださるのが、宅配便や郵便局の配達の方だと考えると、これは感謝の対象になるのです。

宅配便の人との接点。当たり前のように毎日起きることですが、**これを自分達のビジネスをきちんと成り立たせるためのパートナーさんとの接点と捉えて感謝する人と、単に荷物が届いた、荷物が出て行ったとだけ見ている人とでは、まったく違った景色が見えてきます。**

パートナーさんに「いつも、ありがとうございます」の思いで会釈する人。業者さんが物を運んでくると、顎《あご》や鼻で「その隅に積んでおいて」と上から目線で指示する人。そこで築かれる「信頼」は、まったく違うものになると思いませんか?

某中央官庁に出入りをしている建築関係の知人が、「仕事が欲しいから行くけれど、友達になりたい人種じゃないよね」と評していたことがあります。これは「仕事をもらえるから行く」、「お願いした仕事をやってもらう」だけの関係であり、人格的なつながりは感じられません。なんだか、さみしい関係ですね。

◉「もう一声」が心の電流を強くする

仕事での関わりに、人格的な「信頼」の要素を加えるには、ほんのちょっとのことをプラスするだけでいいのです。

たとえば、業者さんにもきちんと挨拶をする。「おはようございます」だけで終わらせずに、「ずいぶんと冷え込んできましたね」、「あれ？ いつもの方と違いますね」と、もう一声かける。気がついたことを一言伝えていく。それくらいのことでよいのです。

日常の些細《ささい》な会話の中で**「もう一言を加える」ことで、業者さんとの間に流れる心の交流の、電流の強さが変わります。**

これを毎日積み重ねていくことで、会った瞬間に強いプラスの電流が生まれるようになるものです。

あの会社に行くと気分がよい。これもプラスの電流です。

逆に「あの会社は、いつも上から目線でイヤだな」と思われると、マイナスの電流が流れます。

一度よい電流が流れはじめると、相手も「今日の訪問先はあの会社だから、明るい気分で行けるぞ」と電流を通わせる準備ができます。

言葉にはしなくても「ここの会社に来ると気分がいい」、「あなたに会うと気分がいい」という思いが伝わってくる。そんな仕事の関係が作れたら素敵だと思いませんか。

◉電流がもたらす「贈り物」

日常の些細なことを大事にしていく中で、ある日いきなりドーンと強い電流が流れることもあります。

その人は、いつも懇意にしていた宅配便のパートナーさんでした。

いつものように荷物を渡してくれたときに、ふと、

「先日○社さんにおうかがいしたときに、創立20周年記念の話をしていましたよ。会場がどうこうと言っていましたが、まだ決まっていない感じでしたよ」

とさりげなく伝えてくれたのです。

これは、いきなり電流がドーンと来た瞬間です。

考えてみれば、宅配便の業者さんは、様々な会社に行くわけです。そのとき、訪問先の方の話が意図せずに聞こえてくることもあるのでしょう。

それを聞いた営業担当者が早速出かけて、「確か、御社は来年20周年をお迎えになるのではないですか?」と話をしたら、「よくご存知ですね!」と思わぬ関係が生まれることだってあるのです。

このとき、宅配便のパートナーさんは、どこのホテルでも同じ話をしたわけではないと思うのです。信頼のパイプがつながっている相手だからこそ、「伝えてあげよう」と考えてくれた。いつも上から目線で「あそこの隅に積んでおいて」などとぞんざいに指示するところに、情報を流そうとは思わないはずです。

相手とのパイプを大事につないでいくと、ある日、情報という形の大きな贈り物が返ってくることがあります。日常の積み重ねの中でしか生まれてこない贈り物です。

POINT

挨拶プラス一言は、信頼を生む第一歩です。

圧倒的な存在感があるのに気配を消せる！

その場に合った「存在感」とは何か

信頼できる人、というのは、その存在感からして違うように思います。

先日、地方のあるホテルに滞在したときのエピソードです。ホテルの喫茶店で朝食をとっていると、「ドタドタドタ」という音がホール内に響き渡りました。目を向けると、スタッフの女性達が忙しそうに立ち働いています。歩くたびに靴音が鳴り、それが重なり合って大きな音を立てているのです。

騒々しい靴の音は、せっかくの朝のコーヒーの香りを打ち消してしまいます。「私が敏感すぎるのかな」と思いつつ周囲を見渡すと、複数のお客様が新聞を読む手を少しとめては、音の鳴るほうに目を向けていました。やはり、居合わせた人達の多くは、同じ音が気になっていたのです。

「存在感」には快適な存在感と、不快感を生む存在感があります。

喫茶店でも、「お水のお代わりはいかがですか」と何度も言ってくる人と、必要なときに、すっとお水をコップに注ぐ人と、どちらが心地よいでしょうか？

接客以外の仕事でもおそらくそうでしょう。自分の意見が強いあまりに、会議で人の発言を横取りしてしまう人、部下にアドバイスをしているはずが、かえって相手のやる気を削いでしまっている人。せっかく一生懸命仕事をしていても、**「存在感」の出し方を間違えてしまうと、不快感につながってしまいます。**もっとも、お水の場合、カラのコップに気づかない、などは論外ですが……。

◉存在感はあるのに、気配がない！

私がニューヨークのあるレストランを訪れたときのことです。私達のテーブルを担当したのは、とてもスタイルのよい黒人のウエイトレスでした。笑顔が綺麗で、立居振る舞いもキビキビしています。身長も高くて、非常に存在感があります。

しかし、圧倒的な存在感を持っているにもかかわらず、要所要所では自分の気配を消しながら、滞りなく仕事をしているのです。

私が家内とニューヨークの印象を話し合っていると、いつの間にか彼女がテーブルに近づいて、手際よく料理をテーブルに並べていきました。その動作にはムダがなく、私達の会話をまったく邪魔しないのです。

「これはすごいな」と、彼女の仕事ぶりを見ていると、ほかのテーブルにも同様に、無言のまま無駄なく料理を運んでは並べています。「コーヒーはあなたですか？　紅茶はこちらですね？」などと言って、会話を邪魔することもありません。

もっとも、彼女がただ無口というわけではないのです。

相手が話したがっている気配を感じると、「お口に合いましたか？」、「これはシェフがこの素材を特別に仕入れて作ったものなんですよ」などと会話をしています。

グラスのワインが残り1センチくらいになると、さりげなく近づいて注ぎ足します。あまりに動作が自然なので、お客様も気づかないくらいです。

そしてもちろん、靴音は一切立てないのです。

◉周りにアンテナを張って、自分の存在感を決める

その場に対して、常に自分の意識のアンテナを張り巡らせているかどうかは、その

人の「存在感」の出し方を見れば、わかるものです。靴音、振る舞い、そんな些細なことで、相手は何かを感じとっています。

仕事のプロは、ラジオのチューニングをするように、その場の雰囲気に最も合う存在感のあり方を見つけ、それにふさわしい振る舞いをします。場合によっては、服装や小物にも気を遣います。

これは、ホテルマンに限りません。あなたが信頼できると思う人の職場や会議での存在感を思い出してみてください。自分が前に出るべきときは目立つけれど、相手を立てるべきときは立てている。**その場にふさわしい自分の存在感を、相手との関わりの中で、すぐにつかんでいるように思います。**

「存在感」の作り方は、信頼の構築にも関わってきます。心地よい「存在感」を持つ人には、自然と人が集まります。

POINT

その場での自分の役割にどれだけ気を配っていますか？　それに応じた存在感を作っていますか？

「これで私はあなたから堂々とお金をいただけるわ」

プロフェッショナルは自分に厳しい

ある年、私は、家内とニューヨークでクリスマスを迎えていました。

クリスマスの時期、ニューヨークの街はクリスマスカラーに彩られ、大勢の人で賑わいます。人込みの中、私達は家内のコートを買うために、あるデパートに入りました。

折しもクリスマスセール中で、店内は立錐《りっすい》の余地もない大混雑です。

ごった返す人の波の中で、1着のコートを見つけました。それは確かに趣味のよい作りで、色もデザインも家内に似合うものでした。

しかし、残念なことにサイズはMで、小柄な家内が袖を通すと、やはり少し大きいのです。でも、売り場にSサイズのものは見当たりません。

「日本に帰ってから袖丈を直せば、大丈夫かもね」

「少し大きい気もするけど、下にセーターやジャケットを着るからいいか」

そう自分達を納得させながら、レジに並ぶことにしました。


いざ、私達がレジで会計する段になったとき、レジ係の女性が、コートと家内の姿を見比べて、こう言いました。

「これは、あなたには大きすぎます」

まったく彼女の言う通りなのですが、それは承知のうえです。私は彼女に声をかけました。

「そう、大きいのはわかっていますが、Sサイズはないようなので、これで構いません。ありがとう」


しかし、彼女は首を縦に振らず、近くにいた同僚に一言、二言声をかけました。彼は、心得顔で店の奥へ消えていきます。どうやら、倉庫に在庫を探しにいってくれていることがわかりました。

ただでさえ忙しいクリスマスセール中です。一人のスタッフが倉庫内を探している間、残りのスタッフの負担が増すのは容易に想像がつきます。

恐縮しながら待つこと10分。倉庫に行った店員さんが戻ってきました。

2着のコートを手にしています。1着は、先ほどと同じ色のSサイズ。そして、もう1着は同じSサイズながら、色違いのコートです。

「これは、今年限定の色なんですよ」

実際に家内が試着してみると、サイズもぴったりです。しかも、色違いのほうが似合って見えるのです。

最初は、何となく気に入って購入を考えたコートですが、ここに来て**「特別なコート」に変わった**ことに気づきました。

一つには、わざわざ倉庫から、ぴったりのサイズの商品を探し出してくれたことによって、そして、もう一つには「今年限定の色」という希少性を感じさせる一言によって、です。

まさに、「アメリカのデパートではサービスは期待できない」という定説が崩れた瞬間でした。

私達は、レジ係の女性にお礼を言って、購入しました。

「これで私はあなたから堂々とお金をいただけるわ」

会計をするときに、彼女が満面の笑顔で言った言葉を、今でも鮮明に覚えています。

日本で同じようなことが起きたらどうなるだろう、と想像しました。

もちろん適正なサイズを探してくれるプロフェッショナルはたくさんいると思います。が、中には「お客様がこれでいいと言うのなら、まあいいか」と考えてしまう人もいるかもしれません。

ニューヨークのレジ係の女性は、お客様に満足していただけるかどうかを考えるだけでなく、自分が納得できるかどうかも追求していました。おそらく彼女は、プロの仕事人として、**いい加減な仕事をする自分を許せなかったのでしょう。**

自分への厳しさを持つ。それはプロとして信頼のある仕事をしていくうえで不可欠な資質と言えます。そしてまた、自分に厳しいからこそ、他人に対して優しさを発揮できるのが人間の素晴らしさではないかと思うのです。

POINT

自分の仕事を、「まあ、いっか」で済ませていませんか。それがクセになれば、いつの間にかあなたの仕事から信頼も輝きも失われていくのかもしれません。

「またの、お帰りを楽しみにしています」

「お会いした後の言葉」から、物語がはじまる

お客様との間に生まれる信頼の物語は、商品やサービスを買っていただいたときの「最後の一言」からはじまります。この最後の一言にどれだけ心を込められるかが勝負どころなのです。

「いってらっしゃい。またの、お帰りをお待ちしております」

リッツ・カールトンは、なぜお客様に対してこのような言葉をかけるのでしょうか。それは最後にかける言葉が、次へのお客様の期待感をわきたたせるからです。

ディズニーランドでも、「どうですか？　楽しかったですか？」と最後に一言をかけてくれます。

レストランでもお店でもホテルでも、そういう一言をかけてくれるところは、意外

と少ないようです。

お客様がいらしたときの3倍、5倍、10倍くらいのエネルギーで、「楽しんでいただけましたか?」、「今日のお料理はいかがでしたでしょうか?」と声をかけてみてください。全員揃って「ありがとうございました」と挨拶できなくても、お店の出入口にいるレジのスタッフが、最後のお見送りをするだけでいいのです。「今日のお料理は満足いただけましたか?」と、にっこり笑って送り出す。すると、お店からの帰りがけ、お客様に「ここに来てよかったね」という会話が生まれるのです。

「来ていただいてありがとうございます」、**「自分との時間を作ってくださってありがとうございます」**という気持ちを込めて、最後に一言をかける。

「もう一回来たいな」、「もう一度会いたいな」と思わせる信頼の絆作りは、その一言からはじまっているのです。

◉「信頼」の物語を作るディーラー

これは、私の友人が体験した物語です。

彼は、サンフランシスコのとあるディーラーで車を購入しました。そのディーラーは、車を購入した後も折りに触れて電話をかけてきたり、こんな文面の手書きの葉書を送ってきたりしました。

「my car はちゃんと動いているか?」

「そろそろ my car のタイヤのチェックの時期じゃないのか?」

車は友人の持ち物ですから、「my car」というのは正しくないのですが、「私が売った車」というニュアンスで使っていたのでしょう。「心配しているよ……」という気持ちが伝わる葉書で、そのディーラーの車への愛着がうかがえます。

あるときその友人が車で長距離の旅行に出ました。深夜走行中に、車がエンストを起こしてしまいましたが、周囲には民家もガソリンスタンドも見当たりません。

困った友人はAAA(トリプル・エー:全米自動車協会。日本で言うところのJAF)に電話をかけました。しかし、何度かけてもつながりません。遅い時間でもあり、見知らぬ土地で不安が募ってきます。

一体どうすればいいのだろう……。ふと、友人の脳裏に、ディーラーの顔が浮かびました。運よく彼の連絡先が携帯電話に登録されています。電話をかけると、すぐにつながりました。

「おお、○○じゃないか、どうした？」

「実は、こういう事情で身動きがとれないんだ。ＡＡＡに電話がつながらなくて困っているんだよ」

「オーケー。俺が連絡をするから、ちょっと待ってろよ」

ディーラーは自分の知り合いを通じて、現地のレッカー車を手配してくれました。しかも、レッカー車が来るまでの時間もこまめに電話をかけて経過を報告してくれたのです。

「今、○○という会社の人間がそちらに向かっている。ＡＡＡにはつながらなかったけど、こういうときは、後でＡＡＡの保険がおりるから、その場では、キャッシュで支払わなくても大丈夫だよ」

「あと20分くらいで着くはずだ。もう少しの辛抱だ。何かあったらいつでも連絡してくれよ」

見知らぬ土地で立ち往生していた友人にとって、そのディーラーの一言一言が、どれだけ救いになったでしょうか。

友人はその後、日本からの海外駐在員が車を探しているという話を聞くと、そのディーラーのところに連れて行くようになったそうです。

すべては、あの夜の1本の電話からはじまったのです。

どんな商品やサービスでも、みんな売るときには、いいことを言うものです。ホテルでも泊まっている間は、精一杯のサービスをしようとします。でも、売るときには精力を傾けても、その後のフォローがおろそかになるケースは多いのです。中には、購入されたお客様からの電話だと聞くと、クレームではと警戒してしまう方もいます。でも、本当に信頼が築けるのは、最後の一言からなのです。

POINT

信頼の絆作りは、最後の一言からはじまります。

第 2 章

信頼が生まれる人の仕事術

〜言葉にならない想いへの寄り添い方〜

「皆さんにどんな想いで帰っていただきたいと思っていらっしゃいますか？」

言葉にならない想いを聞き出すのがプロのリスニング

ある企業から創業20周年記念の講演会をしたいという依頼がありました。

ホテルで行なう講演会の形として、一つ定着しているのは、金屏風の前に演台を置いて、そこで講演をするというスタイルです。

でも、リッツ・カールトンの営業担当者は、主催者に、こう質問しました。

「この講演会を開く意図は、どんなところにあるのでしょうか？」

すると、主催者は話します。

「いつもご縁をいただいている会社の方達と、お互いにＷｉｎ－Ｗｉｎになれるような関係を新たに作っていくためのおもてなしの時間にしたいんです」

「この講演会は、御社にとってお越しいただく方へのプレゼントのような、大切な場なんですね」

「あ、プレゼントと言われればそうなんですよ！　わざわざ時間と労力をかけて来てくれる人達に対して贈り物を届けたいんです！　そして、仕事を発注する、請け負うという上下関係を超えて、一緒によいものを作っていこうというメッセージも伝えたいんです」

「それなら、会場の設営をいつもと違ったものにして『ともに変わりましょう』というメッセージを伝えるのはいかがでしょうか。お決まりの金屏風もやめませんか？」

こうして質問をすることで、お客様の「隠れた望み」を言葉にしていくのです。言葉にすることで、お客様も「そうそう！　やりたかったのは、それなんだよね！」と自分の希望に気がつきます。

そして、お客様が、自分が本当に欲していたものに気づかされた瞬間から、信頼関係は築かれていったのです。

◉欲しかったものに気づいた瞬間、信頼関係は築かれる

提案力のある人は、「聴くこと」を大切にしています。本音や潜在的なニーズなど、

口には出さないけれど、相手が求めているものを聞き出していくのです。

たいていのお客様は、自分が本当に望んでいることに気づいていないものです。リッツ・カールトンで結婚式を挙げたくて初めて来ました、初めて友人の誕生パーティーを開くのですが何かサプライズをしたいのです、と、皆さんいらっしゃるのですが、何をしたら参加者が喜んでくれるか、どうしたら素敵なウエディングになるのかということは、イメージできていません。もし、イメージがあったとしても、ホテル側に「これをやってください」と伝えるところまでは、具体化できていないことがほとんどなのです。

でも、やっぱり素敵な会にしたい、「あの人が主催するパーティーって楽しい」と思ってもらいたい、その想いは皆持っているはずです。

それを汲みとって言葉にし、イメージ通りの場を提供するのが、プロの仕事です。パーティーのプランニングにあたって、「どのようなお花を飾りますか?」、「どのような照明にしましょうか?」、「どんな音楽をかけましょうか?」という確認は、どのホテルでもしています。

これに対して、リッツ・カールトンでは、そのリスニングを少し違った角度から行なっているのです。

「今回は、100名のお客様がいらっしゃるわけですが、皆さんにどのような想いで帰っていただきたいと思っていらっしゃいますか?」

「あなたがこの会をする目的はどのようなことでしょうか?」

研修であれば、

「3か月後に、今回参加された方の価値観と行動がどう変わることを期待していますか?」

このように、目的や価値観につながる質問を投げかけてはじめて、お客様に「そう、こんなことがやりたかったんだ!」というイメージがわいてくるのです。

どんな仕事でも基本は同じです。相手の目的を聞いて、そのイメージを自分なりに提案してみます。そして相手が望んでいるイメージが見えたら、仕事も進めやすいのではないでしょうか。

◉最終目標は、お客様同士の信頼関係を結ぶこと

さて、冒頭の話のように、通常とは異なるセッティングをすると、当日、会場に

入ってきた参加者は「あれ、今日はいつもの講演会とは違うぞ」と目を見張り、期待感を高めるでしょう。

そして最後に、「今日のお話、勉強になりました。会場のセッティングを見たとき、『変わる』ってこういうことか、と思いました」と参加者の方がコメントしたとしたら、お客様と主催者の間に新たな信頼関係が生まれたことがわかります。

これが、最終的にホテルマンがやらなければいけないことです。

自分は黒子として、お客様同士の信頼関係をどうやって結んであげられるのか。それを実現することで、主催者とホテルの間に本当の意味での信頼関係が生まれるのです。

POINT

相手の心のうちに隠れた望みを言葉にした瞬間、信頼は生まれます。

「全員がタキシードのパーティーはやったことがありますか?」

相手の「限度」を想像して、イマジネーションを広げる

お客様の願いを言葉にするために必要なのは、「想像力」です。だからビジネスで大切な力と言われたら、まず第一に「イマジネーション」の力が挙げられます。

イマジネーションの力を働かせるときには、まず、相手の話を聞きながら、その内容をどんどん自分の想像の中に流し込んでいきます。たとえば、何か会食をアレンジするときも、「男女の比率は7対3で、年齢層は50代が中心だな」などと話を聞き出しながら、「参加者みんなが楽しめることを考えたら、和食がいいかな」、「取引先の△△さんはお酒が苦手と聞いていたから、ノンアルコールカクテルの種類が豊富なお店がいいかな」などと、イメージしていくのです。

こうして、相手が想像していなかった「相手が喜びそうな」イメージを言語化します。言わば、五感のすべてを総動員して提案をするのです。

アメリカで仕事をしていたときに、「面白い誕生パーティーをしたい」という相談を受けたことがあります。

参加者は、若い方が中心ですが、何人か年配の方もいらっしゃるとのこと。カップルで来る方が多く、男女の比率は半々といったところです。

「これまでに、どんなパーティーをしましたか?」、「今まで参加された中で、一番心に残っているパーティーはどんなものですか?」と聞いていくと、今まで参加したパーティーの様々な話が出てきます。

この方がまだ体験していないパーティーとはどんなものだろう?

そこまで聞いて私は、「では、今までに、全員がタキシードとイブニングドレスで参加する誕生パーティーってありましたか?」と尋ねました。すると、ないのです。

タキシードとイブニングドレスは、フォーマルなイメージです。若い人ばかりの誕生パーティーでは、普通そこまでやりません。そう思って、あえてこのアイデアを提案したのです。

全員がタキシードとイブニングドレスで、テーマは白と黒にしましょう（白と黒の装いに赤いバラをつけると、アメリカ人は似合うんです！）。せっかくだから照明も工夫して、天井も黒と銀色の風船で埋め尽くしましょう。そこに下からライトを当てて、しかも風を起こしてその風船を常に動かし続けましょうか、と提案したら、「ぜひ、それでお願いします」ということになりました。

当日は、拍手大喝采《かっさい》でした！

◉相手の「常識の範囲」を想定して提案する

この白と黒のパーティーは、お客様とお話している中で、イメージがわいてきたものです。

アイデアは一人で考えているだけでは、なかなか出てきません。だからこそ話を聞くことが大事なのです。相手の話から想像して、自分の中で広げていく力。それこそが、ビジネスの中で誰でも最初に持っていなくてはいけないイマジネーションの力です。

もちろん、相手によっては、常識の範囲で収める必要もあります。お決まりのパターンから抜け出したくない方にには、斬新な発想はかえって失礼です。「君、何を言ってるんだ？　タキシードは社長一人でいいんだよ」と言われてしまいます（これもまた想像力です）。

だから、この人達の常識の範囲はこのくらいだろうな、そこから飛び出した発想としては、きっとこれくらいまでいけるのではないかな、と想像しながら、相手によって提案を変えていくのです。

一見小さな仕事に見えても、やり方は**１００人いたら１００人違う。だからこそ、１回１回の仕事に新鮮な気持ちで向き合う。**そんな仕事の仕方をどこまで腹を括《くく》ってやれるかどうか、が大事なのです。

■ POINT ■

イマジネーションの力で、相手が思いもよらなかったイメージを提案しましょう。

「電話の件ですが、間違いはございませんか？」

相手に伝わったかどうかを上手に確認する方法

イギリスの劇作家であるバーナード・ショーは「コミュニケーションにおける最大の問題は、それが達成されたという幻想である」と述べています。だからホテルでのやりとりは、確認、確認、確認です。

◉後から「言った、言わない」をなくすには

お客様との会話ではもちろん、仕事でも、後から「言った、言わない」という議論にならないよう、何かを依頼された時点で可能な限り文書化しておくのが基本です。メールでの依頼であれば記録が残るので問題ありませんが、注意したいのが電話で依頼を受けたときです。内容を文書化しておき、その後、お会いしたときに、「先日

の電話の件、このようにまとめてみましたが、間違いはございませんか？」と、直接確認をします。

最も恐いのは、自分の中でわかっているつもりになることです。つもりでは絶対に仕事をしない。「わかった」という確信のもとで仕事をする。そのための確認です。これはもう、しつこいくらいにやらなくてはいけません。

私達は、お客様の時間とお金をお預かりするわけです。そこで、期待以上のものを提供していくためには、まず「自分はあなたの意図を理解しています」と実感してもらうことが必要です。そのためにも「確認」は、手も気も抜けないのです。

◉「それを実行したら、どんなことが起こると思いますか？」

職場でも、ただ伝えるのではなく、「伝わったかどうか」を確認しながら仕事を進めることが重要です。

リッツ・カールトンの創業者であるホルスト・シュルツィも、このコミュニケーションの問題点を強く自覚していた人でした。

彼は会議をするときには、自分がこれからやろうとしていることを諄々《じゅんじゅん》と説明した後、参加者の一人を指名して次の一言を発するのが常でした。

「今、私が言ったことをもう一度リピートしてみなさい」

すると、理解があいまいになっている箇所がたいてい一つや二つあります。

「この部分は、こういうふうに理解したのですが、違うでしょうか?」

と言うと、シュルツィは「全然わかっていないね」という顔で再びレクチャーをはじめます。一通りの説明が終わると、今度は別の参加者が指名されます。

「私が言ったことを、今度は君がリピートしてみなさい」

そうして指名された人が、あるところで突っかかると、シュルツィは根気よく「では、もう1回言うことにしよう」と三度目の説明をはじめるのです。

シュルツィは、参加者に伝えた内容をリピートさせることで、自分の言った通りに伝わっているのかを確認していました。

しかし、この方法をそのまま使おうとすると、日本では少し難しさがあります。

アメリカでは「Repeat what I said」(私の言ったことをリピートしてください)は一般的に使われていて、こう言えば、伝わっているかどうかを単刀直入に確認できます。

でも日本で「私が言ったことを、もう1回言ってみてください」と言うと、相手は自分が責められているように感じるのか、どうしても角が立つのです。

そこで考えついたのが、婉曲に質問をしながら確認していく方法です。

具体的には、私が説明をした後に、こう質問を投げかけます。

「今、僕が言ったことを、あなたのセクションで実行したときに、どんな行動が起きるかを想定して、ちょっと提案してくれませんか？」

物事を伝えるということには、相手に何か行動を起こしてもらうという目的があります。そこで、「どんな行動を起こすか」を聞くことで、正しく伝わっているのかを検証できるようにしたのです。

確認一つでも、相手によって言葉を変える必要があると思います。

POINT

「わかっている」という確信のもとで、信頼のある仕事は生まれます。

「私の記憶では、確か明日だったと思うのですが……」

お客様の間違いを修正するときの言葉遣い

相手の間違いに気づいたときは、どうすればいいのでしょうか。

リッツ・カールトンのお客様の約半分は、ビジネスで宿泊されます。ですから、コンシェルジュが仕事の書類を預かったり、アポイントメントの時間の連絡を受けたりと、お客様のビジネスに関わる機会が多くなります。

ビジネスでホテルを利用するお客様の背景には、たくさんの社員やそのお客様の家族がいます。一つのビジネスの成否に、多くの人の生活がかかっているのです。

それを考えるならば、お客様がフライトや新幹線、アポイントメントなどの時間を間違っていたときには、**その場ですぐに訂正するほうが親切です。**

たとえば、ホテル側が「明日の会議は3時です」との連絡事項をお伝えしたのに、お客様が「会議は明後日だ」と勘違いしていたら、会議は明日であることを、きちんと伝えます。これは信頼につながるスタンスです。

そこで「何となく言いにくいな」、「自分が間違っているかもしれない」と躊躇して指摘しなかったとしたら、お客様は得意先からの信頼を失い、大損害を被る可能性もあります。

お客様の間違いをカバーすることで、お客様自身の信頼も保たれます。

信頼のある仕事は、次の信頼のある仕事へとつながります。ここで生み出されるのは、一つの「信頼」にはとどまらないのです。

とはいえ、間違いを指摘するときには、「お客様、明後日ではなく明日でございます」と直接的な表現は使いません。こちらが間違っている可能性もありますから、一方的に決めつけずに、「私の勘違いかもしれない」という前提でお聞きするのです。

「私の記憶では、確か明日だったと思うのですが……。もう一度お確かめいただけないでしょうか？　明日ではありませんか？」

「明日」という単語を二度言うことで、お客様の心の中に、「そう言われてみると、明日なのかもしれない。確認してみよう」という気持ちが生まれます。

確認の結果、お客様の間違いが判明すれば、お客様の信頼を守ったことになります。

たとえ、自分の勘違いだったとしても、「大変失礼いたしました。私の勘違いでした」と丁寧に謝れば、お客様を不快にさせることはないでしょう。むしろ、お客様の信頼を守ろうとする姿勢が伝わり、お客様との信頼作りにつながっていくのではないでしょうか。

◉「正しいかどうか」ではなく「間違いを防げるかどうか」

お客様が間違っているのが明らかな場合、つい「電話では朝とおっしゃっていましたよ!」と言いたくなるのが人情です。

しかし、大切なのは「正しいかどうか」ではなく、「間違いを防ぐことができるかどうか」です。だからプロは、「あれ、さっき朝って言ってませんでしたっけ?」というような余計な一言は言いません。お客様の間違いを指摘しても、お客様に恥をかかせてしまうだけです。お客様の間違いをフォローする一方で、お客様の顔をつぶすようなことは限りなくゼロにします。

中には「あのお客さん、本当はああ言ったのに」と、モヤモヤと引きずる人もいますが、一つもよいことはありません。そんなことは、自分の心のシュレッダーにかけてしまいましょう。

残さなければいけないものは残す。残しても価値のないものはシュレッダーにかける。プロの仕事人はこれが得意です。

POINT

相手に恥をかかせず、間違いに気づいてもらうこともプロの仕事です。

「勝手ながらリムジンをご用意させていただきました」

相手が「言葉にできない」理由を汲みとる

仕事の醍醐味の一つは、言葉に表わされないお客様の想いに寄りそって、それに応えていくところにあります。

相手に心から向き合って、その人の目線を感じたりニュアンスを読みとりながら、最大限できることをする。仕事を通じてそんな力を身につけられるとしたら、これほど素晴らしいことはありません。

◉新婦さんの本当の想いは？

ある結婚式の物語です。

結婚式は、新郎新婦にとって、二人の将来を作っていく大切なイベントです。その門出を祝福してくれる人達に集まってもらい、皆で楽しい時間を過ごすということも大事なことです。

あるカップルのお客様が婚礼の相談にいらしたときのことです。打ち合わせのときに、婚礼担当者が新婦さんの生い立ちを聞き、新婦さんは幼少のときにお父様を亡くされ、お母様一人が苦労して新婦さんを育ててきたことがわかりました。式への出席者を確認すると、新婦側は会社関係の人ではなくて、自分を必死になって育ててくれたお母様を支えてくれた近所の人達です。

そのとき、婚礼担当者は「新婦様はこの結婚式を通して自分のお母さんに感謝を伝えたいと思っているのではないか」と感じました。新郎のご両親のこともありますから、新婦さんは自分のお母様への想いを一方的に言葉に出そうとはしません。しかし、言葉にならない想いをきちんと受けとりました。

そこで婚礼担当者は、「こういう形にすれば、お母様に感謝の気持ちが伝わるのではないか」と想像して提案をしていきました。

「このようなタイミングでこうされたら、お母様がお喜びになるかもしれません。もちろん、新郎様のお母様にとってもそうだと思います」

そう伝えることで、新婦さんは「私の気持ちを汲みとってくれているんだな」と感じます。こうして、相手の気持ちを感じ、その気持ちに寄り添ったときにしかできない信頼のおもてなしを実践したのです。

◉「勝手にやったこと」にする

お客様が希望を言わないときには、何らかの理由があることもあります。

結婚式の当日に新婦さんのお母さんが入院してしまったとします。

新婦さんとしては、母親に自分の晴れ姿を見てもらいたい、でも、その気持ちを通したら、わがままになりかねないと、きっと思っているのでしょう。

そうした新婦さんの想いを感じた担当者は、リムジンを用意します。教会での挙式が終わった後、リムジンに新郎新婦と神父さんを乗せて、お母様の病室でもう一度誓いの言葉を述べてもらうようにとりはからったのです。

このとき、ホテルマンは、新郎側の関係者に、こうお願いしました。

「私達がお母様にお会いしたときに、とても楽しみにしていらっしゃったので、勝手ながらリムジンを用意させていただきました。30分だけお時間をいただいてもよろしいでしょうか？」

ホテル側が「勝手にアレンジしてしまった」と伝えることで、新婦さんに心理的な負担をかけることもなくなります。

相手の言葉にならない想いを感じる力があれば、このような素敵な場面を演出することもできるのです。

こんなことがあると、このお客様は結婚1年目、3年目、5年目のアニバーサリーに、いつもそのホテルにいらしてくださるに違いありません。

相手がなぜそう言うのか（言わないのか）。想像力で隠れた想いを汲みとれば、強い信頼を感じてもらうことができます。

■ POINT ■

相手が「言わないこと」を察してこそ、信頼が生まれます。

「新婦様の大事なドレスを汚しては大変ですから！」

ちょっとした配慮の一言が、大きな安心感を与える

結婚式などの一世一代のイベントは、ほとんどの人にとって初めての舞台です。もちろん、多くの方が緊張しています。

しかし、サービスする側が、ゆったりと構えて「お任せください」という雰囲気を醸し出していれば、お客様のほうも「この人にゆだねて大丈夫そうだな」と安心します。そのうえで、ホテル側は緊張感のある演出や、メリハリのある進行を心がけ、イベントの緊張感を楽しんでもらうのです。

では、安心しながら緊張感を楽しんでいただくとは、どういうことでしょうか。

たとえば、新婦さんがウエディングドレスを着ているのに、介添えのホテルマンが、カジュアルな靴を履いていたとしたら、どうでしょう。

「この人はアルバイトなのかな？　この人に付き添ってもらって大丈夫かな？」

と、新婦さんは不安に思ってしまいます。

また、きちんとした靴を履いていたとしても、それが靴墨を塗ったばかりの靴であれば、「ウエディングドレスに靴墨がつきそうだな。どういう神経しているんだろう」と、結婚式に集中できなくなってしまうかもしれません。


お客様がホテルマンの身だしなみやサービスに不信感を覚えた瞬間、そこには、本来とは別の種類の緊張感が生まれてしまい、イベントの緊張感を素直に楽しむことができなくなってしまうのです。

その意味で、「安心」も信頼を構成する要素の一つです。

◉あえて「セオリー」にこだわる理由

多くのホテルでは、介添えのホテルマンは、通常の革靴を履いています。

しかし革靴は、磨くときに靴墨を使いますから、新婦のウエディングドレスに靴墨をつけてしまうかもしれません。そうなったら大変です。

ですから、リッツ・カールトンでは、エナメルのオペラシューズを履くというセオリーがあるのです。エナメルシューズは手入れの際には、靴墨はつけません。だから、触れたものを汚さないのです。

ところが、多くの結婚式で、エナメルシューズを履くホテルマンは、あまり見られません。「新郎よりもピカピカの靴を履くわけにはいかない」と避けてしまうためです。

しかし「新婦のドレスを汚してはいけない」という前提に立てば、エナメルシューズにする、というのが正しい選択なのです。

ある式では、新郎がエナメルシューズを履いていませんでした。そのため、エナメルシューズを履いているホテルマンの足元が目立っています。もしかしたら、新郎は、「ホテルマンが主役の自分よりも、ピカピカの靴を履いているな」と感じ、不快に感じることもあるかもしれません。

そんなときは、あらかじめ一言こうお伝えします。

「新婦様の大切なドレスを汚しては大変ですので、今日は靴墨を使わないエナメルシューズで付き添わせていただきます」

そうすれば、新郎新婦はエナメルシューズの意味がわかり、「小さなところまで気を遣ってくれているんだな」と安心します。

もし、式に参加している親戚の人から「ホテルの人のほうが光る靴を履いていたね」と言われたとしても、新婦さんは「私のドレスを汚さないように、わざわざそうしてくれたんですよ」と伝えてくれるでしょう。親戚の人も「このホテルは、そこまで細かく気を遣ってくれているんだ」と理解し、ホテルに好感を持ってくださるに違いありません。

「新婦様の大事なドレスを汚しては大変ですから……」という一言は、「私どもはお客様に配慮したサービスに努めております」と抽象的に言うよりも、はるかに心に響きます。

その一言を聞いたお客様は、些細なことを気にせずに、純粋に結婚式の緊張感を楽しめるはずです。

さらに、**「ここまで気を遣ってくれるのだから、ほかのことも任せて大丈夫に違いない」**という信頼感を持つようになります。

信頼というものは、こうしたちょっとした配慮からもたらされる安心感によって生み出されるものだと思います。

「初めて□□をするのです」という相手に接するときは、必ず「安心感」を感じてもらえる工夫をしましょう。あなたへの信頼のレベルが変わるはずです。

POINT

「安心」を感じさせることも、信頼につながる気遣いです。

「○○様には、大切なお客様をご紹介いただいたことを感謝しています」

お客様同士をつなげることもプロの仕事

懇意にしているお客様から別のお客様を紹介されるなど、仕事のつながりで新しい方を紹介されることはよくあるものです。

ホテルでも常連のお客様を通じて、新たなお客様をご紹介いただくことがあります。「常連のお客様からの紹介」は、豊かな人間関係を深める絶好の機会です。

紹介されたお客様と会ったとき、ただ「はい。○○様からおうかがいしてございます」と伝えるだけでは、それ以上の会話が広がりにくくなり、初対面のコミュニケーションとしては、もったいないように思います。

ここでは、紹介された新しいお客様に、**「私は、すごい人に紹介してもらったんだ」**と思っていただくのがポイントです。

紹介されたお客様をお迎えし、ご挨拶をした後で、一言こう伝えます。

「○○様（紹介してくれたお客様）には大切なお客様をご紹介いただきまして、大変ありがたく思っております。△△様（紹介されていらしたお客様）についてもおうかがいしてございます。精一杯務めさせていただきます」


シンプルに伝えるだけでも、紹介された人は、「○○さんはホテルに大事にされている人なんだな」とわかります。

それは紹介してくれたお客様と紹介されたお客様との関係がさらに深まることにもつながるのです。

◉個人情報につながる話はしない

ここで気をつけなければいけないのは、

「いつも○○様（紹介してくれた人）には、□□のときにお世話になっておりまして……」

などと、紹介してくれたお客様の個人情報につながる話はしないことです。個人情報の扱い方は、信用問題につながります。また、相手も、自分のことをこんなふうに話される可能性があるのかと思うと、不安な気持ちでしょう。

◉紹介してくれた方には、一言でもお礼の気持ちを伝える

お客様がお帰りになった後は、紹介してくれたお客様にお礼の気持ちを伝えます。最近はメールが多いのですが、できれば電話を1本入れるとよいでしょう。

「ご紹介いただきました△△様ですが、予定通り、昨日からお泊まりいただき、本日お発《た》ちになりました。このたびは誠にありがとうございました。また、○○様のお帰りをお待ちしております」

ホテル以外でしたら、「ご紹介いただいた△△様とのお約束は、本日○時にさせていただきました。どうもありがとうございます」などの一言を伝えるのです。

お礼は大仰《おおぎょう》なものでなく、「一言だけお伝えしたくて、お電話いたしました」という気持ちがあればいいのです。

そうすると、紹介してくれたお客様にも、「きちんと対応してくれたんだな」と安心していただけるのです。

◉人を介して気持ちを伝えることの意味

するとその後、お客様同士でもやりとりが生まれます。

おそらく紹介されたお客様は、「ホテルではとても快適に過ごすことができましたよ。ありがとうございました」と、紹介してくれた方にお礼をすることでしょう。

紹介した側も「ホテルからも電話がありましたよ。楽しんでいただけたようで何よりです」と信頼が深まっていくかもしれません。

さらに、その会話の中で、紹介されたお客様が、「ホテルの方が、ずいぶんとあなたに感謝されていましたよ。本当によい関係を作られているんですね」と伝えてくれるかもしれません。

これが、とても大きな意味を持っているのです。

あなたが人から褒められたときのことを想像してみてください。

上司から直接「お前、この頃しっかりしてきたな」と褒められるのも嬉しいでしょうが、取引先の人から「あなたの上司の◯◯さんが、いつも『うちには優秀なスタッフがいるんです』と、あなたを自慢していますよ」と間接的に褒められたほうが、嬉しさが倍増するのではないでしょうか。

このように、紹介された人に、どのように声をかけるかによって、紹介してくれたお客様、紹介されたお客様、自分の三者の間の絆が強くなっていきます。

プロフェッショナルは、このような展開を頭の中でイメージしながら、一つひとつのコミュニケーションに真摯《しんし》に向き合っているのです。

■ POINT ■

お客様同士をつなぐことも信頼を作る方法です。

「では、こういう演出をしたらいかがでしょう?」

お客様のスピード感に合わせるとワクワク感がふくらんでいく

会話をするときは、相手の持つ**「感情のスピード感」**を察知することが大事です。

たとえば、記念日にホテルを利用されるお客様が予約の電話をかけてきたとします。

お客様は、記念日に対する感情、つまり「ワクワクした気持ち」を持っていらっしゃるはずです。「会社の20周年記念のパーティーをしたい」、「結婚10周年のお祝いをしたい」。そんなお客様の「ワクワク」した感情のスピード感に合わせて、「では、こういう演出をしたらいかがでしょう?」、「このようなアイディアはどうですか?」と提案していくのです。すると、お客様のワクワク感がさらに後押しされていきます。

スピード感が通じ合った結果、お客様は「やっぱりこのホテルに自分達の大事な記念日を任せたい」と信頼を寄せてくださるようになるのです。

一方、お客様の「ワクワク」のスピード感を察知しない場合はどうなるでしょうか。「はい。かしこまりました。こちらとしては、このような段取りで進めさせていただきます」とマニュアル通りの説明になり、慇懃無礼《いんぎんぶれい》になりかねません。

それでは、お客様の「ワクワク」のスピードにブレーキがかかり、記念日に対する期待感をしぼませてしまいます。

相手が持っているスピード感を察知して、それに合わせるというのが、信頼を作る第一歩なのです。

◉相手のワクワク感に合わせると……

プレゼンや商談でも同じです。相手の期待度や心のスピード感に合わせて提案すると、相手が受けとる印象は変わってきます。

ある会社で、新商品を今すぐにでも海外展開したいという話があって、コンサルタント2名がプレゼンをしたとします。

コンサルタントのAくんは、こう提案します。

「この商品は、限られたマーケットの人達に受け入れられるニッチなものですね。まずは、これと同じような商品が実際に流通されているBRICSの市場調査をして、その中でどういう可能性があるかを見極めていきましょう」

Bくんは資料を見せながらこう切り出します。

「この商品はかなりニッチですね。商品価値を最大限に活かすために、BRICSのこの国のマーケットに絞り込んでいきましょう。こちらでさらに市場調査も行ないますが、これと同様の製品がかなり売れているというデータもあります。この国なら今後の成長も期待できます。試作品を作って、ここからスタートしませんか！」

AくんとBくんでは、おそらく結果も言いたいことも同じでしょう。

でも、二人の話を聞いていると、次の段階につながるスピード感が圧倒的に違います。Aくんは、「まずは市場調査」ですが、Bくんは、すでに試作品の話をしています。「今すぐに動きたい」という気持ちに沿うのは、Bくんではないでしょうか。

反対にお客様の感情のスピード感をクールダウンさせることが求められる場面もあります。

たとえば、苦情の対応です。

そうしたときのお客様は、激しいスピード感を持っています。そしてそのスピード感が簡単には落ちることはありません。

こちらがただ平身低頭して聞いているだけでは、お客様は話しているうちに、色々と思い出して、「ああいうこともあった！　こんなこともあった！　どう説明するんだ！　誠意を見せろ！」と感情のスピードを加速させてしまいます。

◉スピード感をコントロールする

プロのホテルマンは、お客様の感情のスピードを察知し、主導権を持ってどうコントロールするかを考えて行動します。

特にクレームを受ける場合は、感情のスピードにブレーキをかけつつ、少しずつギアをシフトダウンすることが必要となります。たとえば、担当者を変える、穏やかな音楽が流れている部屋に場を移す、お菓子など甘いものを出しながら話をするなど、対応や状況を変えることも一つの手です。

次に大事なのは、本来のクレームを見極めることです。

お客様がクレームをされるとき、悪質なケースを除いては、ほとんどの場合、サービスを提供する側になんらかの理由があります。ただし、そこにお客様の感情も加わってくるため、実際よりも過大にサービスを提供する側の落ち度を主張するケースがあるのです。

まずは非を認め、丁寧に謝ること。心を込めて、こちらの謝罪の気持ちを伝えることが第一歩です。

そして、お客様のスピード感に合わせつつも、問題点を本来のクレームのポイントに戻していきます。

「きちんとお伝えいただきまして、本当にありがとうございます。おそらく言いづらいこともおありだったと思います。おっしゃっていただいたことに、心より感謝いたします」

そして、お客様の感情が落ち着いてきたら「この度の失敗を深く反省し、お客様に次回もまた、お帰りいただけますよう、さらに努めてまいります」と、次につなげる可能性も残すのです。

■ POINT ■

お客様のスピード感を常に意識することも、信頼を作る仕事のコツです。

「ちょうどホテルに来る途中に綺麗な花が咲いていたから、摘んできたよ」

「お洒落心」を持って仕事をしよう

いい仕事をしている人は、ただ決められた作業をきちんとこなすだけではありません。**どことなく心の余裕が感じられ、仕事を楽しんでいるという共通点を持っています。**

こうした人達の仕事ぶりには、ある種の「お洒落心」を感じます。それは、外見的なお洒落のことではなく、内面的な心のお洒落です。

ふとした仕草や、仕事中に見せる表情などに、内面的なお洒落心が映し出され、それが、周囲の人の心につながる瞬間があるのです。

「ザ・リッツ・カールトンホテルLLC公認親善大使」にもなった井上富紀子《ふきこ》さんは、世界中のリッツ・カールトンを巡り、そこで出会った感動をつづった著書などでも知られています。彼女は、印象に残るリッツ・カールトン体験として、次のような物語を紹介しています。

エジプトのリッツ・カールトンに滞在した際、プールサイドでくつろいでいると、出社してきたプール担当の男性がやってきました。

手にはコップに挿《さ》した花を持っています。

「ちょうどホテルに来る途中にこんな綺麗な花が咲いていたから、フキコのために摘んできたよ」

このホテルマンの仕事の仕方はお洒落（粋でスマート）だな、と私は思います。

まず、自宅からホテルに来るまでの間も、お客様のことを考えているということ。そして、季節感を大事にする感性を持っていること。さらに、道端の花を見ながら通勤する心の余裕があること。

この三つが揃っているから、プールサイドで休んでいるであろうお客様にお花を届けようという発想が自然と浮かび、実行に移すことができたのでしょう。この一連の仕事のプロセスにお洒落心を感じるのです。

◉なぜ、「小さな野の花」のほうが心に残るのか

ホテルの部屋に入ったときに、大きなお花に迎えられたら嬉しくなるのは当然でしょう。でも、その体験が何十回も積み重なると、どの部屋にどのお花があったかを記憶するのは難しくなります。

しかし、プールサイドに用意された野の花は、いつまでも鮮明な記憶として、ある種の小さな物語として、心に残るのです。

通勤途中にふと目に入った小さな花。「そうだフキコにこれを届けよう」。そう思って花を摘む彼の優しい心に拍手を送りたくなります。

そうした遊び心に触れることによって、「リッツ・カールトンは居心地のよいホテルだな」という気持ちが自然にわいてくるのではないでしょうか。

どんな仕事でも、相手の心に想いを届ける働き方はできるものです。それには、**まず自分が仕事を楽しむことです。**

そうすると目の前の景色がちょっと変わって見えてきます。

たとえば、名刺が足りないお客様のために急きょホテルで名刺を手作りして差し上げるとします。このときプリンターで出力し、用紙を1枚ずつカットする作業が必要となります。

焦っているお客様を前に、手際よく名刺を準備してお渡しするのは正しいサービスかもしれません。一方で、そのときハサミを2本用意して、1本をお客様に渡し、**「一緒にお作りしましょう！」と、笑顔で促す。これもまた、お洒落な仕事の楽しみ方でもあるのです。**

POINT

どんなときでも、その状況を楽しみ、余裕を持つこと。心に響くアイデアが生まれる秘訣です。

第 3 章

仕事のパートナーや仲間と「信頼」を築く

～チーム で「美しい仕事」をしよう～

「仕事仲間」はどこまでか？

パートナーと、成長し合える関係を作る

仕事をする「仲間」とは、どこまでを指すのでしょうか？

ホテルでは、カメラマン、音響・照明技術者、夜間の掃除担当者、テナント店など、たくさんの業者さんと契約を結び、協力して仕事を進めています。また、郵便局や宅配会社、タクシー会社など、契約を結んではいないものの、同じように一緒に仕事をする業者さんもたくさんいます。

ホテルに関係するすべての業者さんを、リッツ・カールトンでは「パートナー」と呼んでいます。リッツ・カールトンが目指す目的やビジョンを共有し、「一緒に仕事をする大事な仲間」と考えているのです。

そのため、トレーニングや研修には、ホテルの中で仕事をするパートナーさん達にもできる限り、参加していただいています。

リッツ・カールトンでは、毎朝、部署ごとにラインナップと呼ばれるミーティングを行なっています。

リッツ・カールトン大阪の開業時には、毎朝のラインナップも、ホテルのスタッフと同様に実施していただいていました。ラインナップで確認したことをもとに、「今日のご宴会のお客様はこういう方です。このタイミングでスタッフがこう動いて、照明はこう当たるから、私達はこのお花をこういったイメージで飾ろう」などと、パートナーの皆さんが独自にやるべきことを確認しているのです。

そして、どのような経緯でこのパーティーを開くことになったのか、お客様はどんな期待を持っていらっしゃるのかを話し合い、「みんなで一緒におもてなしをしよう」という想いを丁寧に共有していくのです。

リッツ・カールトンが創業時から目指しているのは、世界一の評価を得るサービス、ホスピタリティを実現するというビジョンです。社員もパートナーさんも、同じ時間を共有することで、このビジョンをともに持つことができます。

リッツ・カールトンでは、このビジョンを**「北極星」**にたとえます。北極星は、北半球のどこからでも見ることができます。同様に、北極星であるビジョンもまた、ポジションや雇用形態に関係なく、誰もが見つめるべきものなのです。北極星の存在は、皆で同じ方向を向きながら、一緒に仕事ができるという大きな安心感を生み出します。

だから、音響・照明技術者の方は、「宴会で音楽を流して、電気をつけてくれる人」ではありませんし、生花店の方は、「花を持ってきてくれる人」ではありません。リッツ・カールトンの目指すビジョンを共有してくれるパートナーさんとして、リッツ・カールトンの一部として仕事をしていただいている存在なのです。

◉パートナーとは、成長し合える関係を作る

成長の機会を提供できているか、というのも信頼のバロメーターと言えます。

たとえば、リッツ・カールトン大阪の場合は、開業1年半くらい前から、音響効果のパートナーさんと、他のリッツ・カールトンに何回も視察に行きました。海外のリッツ・カールトンを実際に訪ねることで、リッツ・カールトンは何をやろうとしている会社なのか、求められているレベルはどこまでか、ということを実感してもらい

たいと思ったのです。

帰国後、今度は、パートナーさんのほうから我々に提案してくれるようになりました。

「ラグナニゲルで見たのはこのレベルでしたけれど、大阪はこのレベルで妥協できませんよね！」

「せっかくだから、海外にはない日本の技術を活かしましょう。海外ならここに大きなスピーカーをドーンと置くかもしれないけれど、日本の技術を使えば、スピーカーを壁の中に入れて、見えないようにすることもできます」

リッツ・カールトンならではのアイデアをたくさんいただきました。

また、リッツ・カールトン大阪にテナント店として入っていただいた、ある有名生花店さんの方からは、こんな話をおうかがいしています。

その会社の全体会議で、「何か質問はありませんか？」と言われると、あるスタッフ達が必ず最初に手を挙げるというのです。

それが、リッツ・カールトン大阪店に入っていた人達だったのです。

皆でビジョンに向かうという働き方をしていると、自然に、「何か自分達が提案できるものはないか」というスイッチが入るのかもしれません。

これはその生花店のトップの方も気づいていて、「自分達が成長できるからと言って、リッツ店への異動願いが一番多いんですよ」と話していました。

いろいろなご縁があって一緒に仕事をする人達を、「パートナー」として捉え、お互いをどう磨き合っていけるのかを考える。そんなことで、お互いの信頼関係のあり方も、到達するパートナーシップのレベルにも、大きな差が生まれてくるのです。

POINT

同じ仕事に関わるすべての人を、同じ目標を持つ「仲間」と捉えることで、仕事の質が変わってきます。

アイコンタクト！

「一緒に仕事を作る」意識を持とう

お客様がその会社を信頼するポイントの一つに、**「そこで働いている人達の間に良好な人間関係があるかどうか」**ということがあります。これは、言葉にしなくても、確実に感じとれるものなのです。

たとえば、挙式を予定しているお客様は、よい婚礼にするためには、担当者一人の力量ではなく、ホテルマン同士のチームプレーがカギになることを知っています。お客様に会うときは、誰もが笑顔を作り、身だしなみを整え、できるだけ好印象を与えるように努力します。しかし、職場内の人間関係は一朝一夕に取り繕うことができるものではありません。

だからこそ、敏感なお客様はその職場内の人間関係を感じとることで、本当に信頼できるホテルなのかどうかを見極めてしまうのです。

ご夫婦でいらしたお客様と、ある営業担当者が打ち合わせをする席で、コーヒーをお出ししました。

打ち合わせをしていると、早々に奥様のほうがコーヒーを飲み終えてしまいました。それに気づいた担当者が、向こうにいる同僚にパッと目を合わせ、コーヒーカップに視線を移します。

その瞬間に、アイコンタクトを受けた同僚が、「コーヒーのお代わりはいかがですか」とコーヒーポットを持って来ました。

そして、「すぐに気づかず、失礼いたしました」と、カップにコーヒーを注ぎながら、「コーヒーはお口に合いますか?」と一声かけます。

すると、

「私はコーヒーが大好きなんです。とても美味しいコーヒーですね」

「お気に召していただいて嬉しいです。ありがとうございます」

こんな会話がなめらかに進んでいくのです。

◉お客様が「チームプレー」から感じとること

担当者が「おーい、○○さん。申し訳ないけど、コーヒーお願いしますね！」と声をかけてから、近くのスタッフが動いてコーヒーが運ばれてくるところもたくさんあります。

しかし、一方で、担当者が一言も発していないのに、ちょっとしたアイコンタクトだけでコーヒーのお代わりが運ばれてくるところもあります。

このことは、披露宴そのものの説明を丁寧にするよりも、お客様に大きな印象を残します。

お客様が知りたいのは、その会社がどんな商品やサービスを提供してくれるかだけではないのです。

たとえば、ホテルでの挙式であれば、どんなお花を用意してくれるのか、どんな美味しい料理を用意してくれるのかだけではありません。

お客様は、ホテルが間違いのないサービスを提供してくれるのはわかったうえで、「ここのホテルの人達は、どんな素敵な披露宴を一緒になって演出してくれるのだろうか」というワクワク感が欲しくて打ち合わせの場に来ているのです。

何も言わなくても、すっとコーヒーが注ぎ足される。こんなチームプレーや気配りは、どんな言葉よりも雄弁だと思います。

■ POINT ■

アイコンタクト一つで仕事が進む。どんな言葉よりも雄弁です。

「こんなミスが起きてしまったのだけれど、フォローをお願いできる?」

たった一言のチームプレーで、ミスを乗り越える

チームの垣根を超えて仕事をしていくためには、ミスの情報共有も大切です。

大阪のホテルで、A社の極秘の会議がセッティングされていたにもかかわらず、ライバル会社のB社の会議を、あろうことか同じフロアにセッティングしてしまうミスが起きたとします。「○○会　自主勉強会」などの名称で予約を受けていると、ありえないことではありません。

お客様にお詫びして、そのときは理解していただいたとしても、3か月後に、今度は東京の系列ホテルでA社の会議が予定されているとしたら、お客様は「大丈夫だろうか」と不安に思うはずです。

でもこのとき、東京のホテルの担当者から次のようなメールが届いたとしたらどうでしょう。

「大阪の○○から報告を受けています。今回は大変なご迷惑をおかけし、申し訳ございません。この件で、次回の東京での会議もご心配されていることとお察しいたします。どうか、私どもにお任せください。今回の反省を活かして、お客様にご満足いただける会議になるように精一杯努めさせていただきます」

こうしたフォローがあれば「このホテルは連携がきちんとできているな」と、一つの安心材料として受けとめていただけるのではないかと思います。

ミスを防ぐ努力は当然ですが、ミスが起きたときに、各部署で連携して助け合えるかどうかも、お客様の信頼を得るためには大切です。

「こちらでこんなミスが起きてしまった。申し訳ないけど、何かフォローできる？」部署を超えて、声をかけ合ってみてはいかがでしょうか。

POINT

ミスをチームでフォローできれば、会社としての信頼が生まれます。

「一人までは応援に回せるな」

広い視野から眺めれば問題を解決できる

職場内でお互いに信頼し合える人達と力を合わせて働くことは、仕事において、一つの理想でもあります。

たとえば、ホテルでも、中華料理店でのご会食で、油っこいものが苦手なご年輩の方のために、日本料理店のスタッフに働きかけて、そっと日本そばをお出しすることを提案したり、配膳をお願いしている外部のパートナーが急に来られなくなったら、他部署の人がヘルプに行ったりすることもあります。

思いがけないサプライズも、困ったときのフォローも、仲間の助け合いで成り立つのです。

必要なのは、自分の仕事だけにとどまらず、もっと広い視野から職場全体を眺めるような視点です（こうした視点から生まれるサービスをラテラルサービスと言います）。

そのために、リッツ・カールトンではいくつかの仕組みを持っています。

◉全体を俯瞰するための「ラインナップ」

一つは、先ほどのラインナップです。

全体を俯瞰《ふかん》する視点を持つには、職場内での情報共有が前提となります。

リッツ・カールトンで言えば、ラインナップの時間に、各部署間で今日の仕事の状況を伝え合います。

たとえば、どのような宴会が予定されているのか、レストランではどのようなプロモーションが行なわれているのか、フロントではどのようなＶＩＰが来るか……といった情報を確実に共有しておくわけです。

情報共有を毎日繰り返しているうちに、一人ひとりのスタッフが全体を俯瞰して見ることができるようになります。

するると、全体のつながりの中で自分達が仕事をしているという意識を持ち、部署の壁を超えてお互いに助け合う姿勢も生まれてきます。

ある日、朝のラインナップで「今日は婚礼が2件と宴会が1件、そのほかに小規模のミーティングが3件予定されている」と確認したとします。

フロントのスタッフも、営業のスタッフも、「いつもよりもイベントが多いけれど、人は足りるのかな？」と考えます。

そして各部署のリーダーは、SOSを受けたときの対応策をイメージします。

「うちのスタッフは二人までは応援に回せるな」

「その場合、応援に回るのは○○さんと□□くんがいい」

という具合に、具体的な対応を想定しておきます。

実際にSOSを受けたときには、すでにイメージができていますから「○○さんと□□くん、宴会の応援に回ってくれないか」と瞬時に指示が出せます。なおかつ自分の持ち場の仕事も支障なく進めることができるのです。

◉垣根を越えれば、解決策は見つかる

「ルームサービスのオーダーが集中しているのに、ある時間帯にはエレベーターが動かないので、お客様のお部屋に速やかに運べない」ということがあったとします。

こんなときは、ルームサービスのスタッフからの投げかけに応じて、フロントやハウスキーパーのスタッフが一緒になって話し合うのです。

「どの時間帯に集中しているの？」

「この時間からこの時間なんだ」

「ああ、この時間は各フロアでハウスキーパーがカートを降ろしたり、タオルを運んでいる時間帯だ。それなら、うちが時間をずらそうか？」

「なるほど、そういうことか。お願いできるかな」

これで、一件落着です。ルームサービスの部署だけで話していたら見えてこない解決策が、簡単に見つかるのです。

このようなとき、縦割りの組織では、自分達の部署だけで問題を解決しようとしがちです。ルームサービスのスタッフで話し合い、「提供時間を短縮できるメニュー構成を考えよう」などと自分達の部署の中で解決を図ろうとします。

しかし、**そうやって導き出された改善が、本当にお客様へのサービスの向上につながるかと言うと、むしろ後退につながる可能性が大きいのです。**

大切なのは、**「一体、この背景に何が起こっているのだろう」ということを考え、洞察することです。**

「その時間帯にルームサービスが多い」、「その時間にエレベーターが使えない」。これは、決して、その部署だけの問題ではありません。全体で考えてはじめて解決策が見えてくる課題なのです。

◉仕事の勘が優れている理由

リッツ・カールトンのスタッフは「仕事の勘が優れている」と、よく言われます。緊急時に際しても、自ら行動を起こして、冷静に対処できるからなのだと思います。

しかし、「勘がいい」という裏には、情報の共有と、全体を俯瞰する視点と、状況をイメージする力が隠されています。つまり、日常的な習慣を積み重ねているからこそ、仕事のうえで勘が働くということなのです。

お互いに垣根を超えて話し合う習慣を作る。これが強い組織・チームを作り上げるポイントだと思います。

あなたの職場にこんな仕組みがなかったとしても、ちょっと他部署の人の知恵を借りてみることはできるはずです。そうした行動の積み重ねが、職場を変えていくのだと思います。

POINT

他部署の人の知恵を借りることで「俯瞰」的な見方を養おう。

「実はこんな話を聞いたんだけど。どう、心あたりはあるかい?」

信頼を維持するための、聞きにくいことを聞く勇気

どんなに盤石《ばんじゃく》に見える信頼関係も、どこかに綻《ほころ》びの可能性を抱えています。

だからこそ、**「信頼関係は微妙なバランスのうえに成立している」**という危機感を持つことが、信頼作りの第一歩ではないかと思うのです。

危機感を忘れなければ、一度信頼関係ができあがったとしても、慢心せずに、その信頼をきちんと維持し、さらに太くしていこうと努力できます。

◉葉書1枚で「思いやる」気持ちを伝える

「信頼関係の維持」に関して、私はレオ・ハートというリッツ・カールトンの副社長(当時)と過ごした日々のことを思い出します。

彼は、職場を離れて長期の出張に出たときなど、旅先から葉書を1枚送ってくるのが常でした。そこには、たった一言、このように書いてありました。
「大丈夫か?」
「何か心配事はないか?」

俳優の渥美清さんが海外を旅行したとき、母親に向けて葉書に「俺、元気」と一言だけ書いて送っていたという逸話があります。

渥美さんとレオ・ハートのケースは、「心配する」、「心配される」と立場が逆転していますが、どちらも一言で相手の気持ちに響く葉書を送っている点で共通しています。

彼らは、きっと同じように相手を思いやるメンタリティの持ち主だったのではないでしょうか。

少なくとも私は、レオ・ハートのたった一言の葉書から、彼が私との信頼関係を大切に思ってくれているのを感じとっていました。

木が年輪を重ねて、少しずつ幹を太くしていくように、信頼関係もまた、そうした積み重ねを繰り返しながら、少しずつ強固なものに育っていくものです。

◉信頼があるからこそ「聞ける」こと

レオ・ハートをめぐっては、人を介してよからぬうわさを耳にする機会がありました。

彼は、アメリカン・フットボールNFLのアトランタ・ファルコンズの元クォーターバック。甘いマスクに長身。そのうえ地位もありましたから、やっかみからくる誹謗中傷《ひぼうちゅうしょう》が聞こえてくるのも無理はなかったのです。

もし私達の信頼関係が脆弱《ぜいじゃく》なものであったなら、そうした噂の一つに翻弄《ほんろう》され、彼を色眼鏡で見るようになっていたかもしれません。

しかし、私は彼に対して勇気を持って真偽を確かめることができました。

「レオ、ちょっといい？」

通りかかった彼を呼びとめ、廊下の壁に寄りかかるようにして、語りかけます。こうした話は、ちょっと思い出したことを話すような口調での立ち話がふさわしいのです。


「誰からとは言わないけど、実は気になるうわさを聞いたんだ。どう、心あたりはあるかい？」

「何言ってるんだ。それは、○○の誤解から出てきた話だろう？　そんなことを気にしていたのか」

「いや、ただちょっと気になったものだから」

「そのくらい信じていてくれよ」

「いや、もちろん疑ってるわけじゃないけど。でも、直接聞いてよかった。すっきりしたよ」

「そうか、聞いてくれてありがとう」


相手にとって不愉快な噂を確かめるのは、非常にデリケートなことです。

しかし、**信頼を太くするために、ときには聞きにくいことをきちんと相手に聞く勇気、言いにくいことを言う勇気を持つ必要があると私は思います。**

重要なのは、相手とどんな関係を作りたいかということです。思い切って本心を伝えることで、信頼はさらに強いものにすることもできるのです。

■ POINT ■

信頼を築きたい相手にこそ、「その真意」を聞いてみよう。

「○○さん、助けてくれてありがとう」

「美しい仕事」をしていますか?

リッツ・カールトンのサービスは、チームの垣根を超えてサポートし合う仕組みから生まれます。

別のチームのスタッフが助けてくれたときには、「○○さん、助かりました。ありがとう」という感謝の意を込めた「ファーストクラス・カード」を渡しています。

縦割りの組織になっている大企業などでは、あるセクションはとても忙しくて大変なのに、別のセクションではゆっくりコーヒーを飲んでいる、というような光景が見られます。

「下手に手出しをすると、かえって仕事を混乱させてしまうから」

などと、もっともらしい理由はたくさん並べられるかもしれません。

しかし、現に忙しいセクションでは、「コピーをとるだけでもいいから手伝って欲しい」と思っているかもしれません。

◉支配人がコピーとり⁉

リッツ・カールトン東京の開業準備の際に、大事なお客様を呼んでプレビューツアーを行なったときのことです。

お客様用のツアーの説明書をコピーしなければならないのですが、営業スタッフはお客様の応対で手一杯。なかなかコピーする時間がとれません。

そこで、当時の総支配人であるリコ・ドゥブランクが、自ら手を挙げてコピーをとったことがありました。彼は、1メートル90センチくらいあるのですが、「私がそれをやろう」と言って、裏で一人で一生懸命コピーをとっていました。

リッツ・カールトンでは、「この人は役職付きだから」、「この人は新人だから」というキャリアや役職による垣根はありません。

普段は、プロとして自分の役割をきちんとこなす。**でも、緊急事態が発生して、その仕事の優先順位が自分の仕事よりも高ければ、それを手伝う。**それは当たり前のことなのです。

多くの組織が、助け合わない縦割りの状況に悩んでいるように思います。

しかし、チームの垣根を超えたサポートは、どの組織でもできることです。

リッツ・カールトンで働くスタッフは、きわめて普通の人達の集団であって、決して特殊な能力を持ったスーパーマンの集まりではありません。

それでも、お互いを助け合えるのは、ただ「垣根を超えてお互いに助け合って仕事をする」と決めているだけなのです。

◉心から仲間を賞讃できるか

リッツ・カールトンは、極端な言い方をすれば、「美しく、丁寧な仕事」をしたいと思う集団であると言えるでしょう。お互いを認め合い、助け合うことは、とても美しい仕事のあり方です。

たとえば、お客様から感謝の手紙をたくさんいただく人を見て、「こういう手紙をたくさんもらえる仕事の仕方ってすごいね」と認める姿は美しい、と私は思います。

前述のファーストクラス・カードに関しても、従業員食堂にそれを貼っておく場所があるのですが、皆がそれを見ながら、「あの人はよい仕事をしているんだな」と共有し合える職場は美しいと思うのです。

さらにリッツ・カールトンでは、毎月、「最も評価の高かったスタッフ」を選ぶファイブスター・エンプロイーという制度があります。

これは、上司だけでなく、スタッフからの「あの人にはいつも助けてもらっている」という声で決まる仕組みなのです。

毎回五人ほどがノミネートされ、その中から一人を選びます。もちろん、色々な人間が集う仕事場ですから、そこに生じる不満や嫉妬《しっと》をゼロにするのは難しいでしょう。

それでも、**そういった感情を認めながらも「やっぱりあの人はすごい」と賞讃できるのは、やはり美しい働き方なのではないでしょうか。**

助け合うこと、仲間の素晴らしい仕事を心から賞讃できること——。

たとえ組織にそんな仕組みがなくても、自分の仕事への姿勢を変えることはできると思います。

「あの上司がいる間はダメだ」とか「あの人がいる限り、本気を出してもムダだ」などと思いながら仕事をするのは、とても残念なことです。

自分の生き方、働き方の軸を決めることができるのは、自分しかいないのです。

POINT

助け合うこと、褒め合うこと。美しい仕事の中に「信頼」が育まれます。あなたもやってみませんか。

第4章

初対面で信頼していただくために

～相手に関心を持つことが第一歩～

「どうぞ」と椅子を勧められたら……

ほんの小さな差であなたの人間性が試されている

何気ない振る舞いは、その人の私生活と結びついています。その人が普段どのような生き方をしているのかが、端的に表われてしまうのです。

たとえば、あなたが営業担当者であるとして、ある会社を訪問するケースを考えてみましょう。応接室には先方の部長さんが待っていて、「○○さんご苦労様。どうぞお入りください」と声をかけてきます。

このとき「失礼いたします」と言って、そのまま椅子に座ってしまうのか、それとも「まあ、お座りください」と言われるまで待っているのか。二つの行動の違いが先方に与える印象には、大きな開きがあるのではないでしょうか。

私もリッツ・カールトンで仕事をしていた時代には、多くの営業担当者の方にお会いしました。飛び込みでいらっしゃる方、アポイントをとっていらっしゃる方と様々ですが、初めての方でも、「こちらへどうぞ」と言われる前に、「失礼します」と言って、さっさと座る若い方が多いことに驚きました。

でも、**相手の役に立とうとするのであれば、相手の土俵の中で仕事をさせていただく、という意識が必要**です。

だから、土俵でさっさと座る人を見て、「大丈夫かな？」と感じてしまうのは、当然のことかもしれません。

◉きちんと目線を合わせるだけで、信頼感が高まる

姿勢・振る舞いとともに、相手の印象を大きく左右するものに「目つき」があります。

相手と信頼関係を築くには、〝しっかりと目線を合わせる〟ことが大切です。ただし、にらめっこにならないように、軽く目線をはずしたり、どのくらいの頻度で瞬《まばた》き

をするかなど、細かく気配りをする必要もあります。

目線一つで不安を感じさせたり、安心感を与えたりすることができるのです。

◉「目と体の軸」を合わせる

信頼を損《そこ》なう姿勢がある一方で、信頼を生み出す姿勢もあります。

たとえば武道をやっている人は、**目線を合わせるというよりも、目と体の軸そのものを合わせる**そうです。

たまに、プレゼンのときでも、下に置いた資料を見ながら、時々上目遣《うわめづか》いで相手を見て、坦々《たんたん》と話される方もいますが、相手に印象を与えません。やはり武道のように、目と体全体の軸をしっかりと相手に向けながら、「これまでのところで、何かご質問はありませんか」などと問いかければ、不安感も違和感もないでしょう。

この違和感が実は、非常に大事なポイントなのです。

一度、違和感を相手に抱かせてしまうと、不安感につながります。そして、不安感は、「この人と仕事して大丈夫かな？」という不信感につながります。

「そんな些細なことで」と思われるかもしれません。

でも、こんな小さなところで、「この人はうちの会社をきちんと理解できるのか?」、「うちの会社の仕事に想いを寄せることができる人なのか?」という疑念が相手に生じてしまいかねない、ということは意識するべきだと思います。

■ POINT ■

些細な行動が「不信感」につながることがあります。

「受付の方の応対が素晴らしいですね」

10分の待ち時間で、相手が大切にしているものを感じとる

信頼を得るための基本は、「お客様やお客様が所属する会社に興味を持つ」というスイッチを常に入れておくことです。そのうえで、いつもアンテナとレーダーを働かせておけば、細かい情報にまで気づくようになります。

たとえば、初めてのお客様を訪問するときに、創業年、業務内容、取引銀行といった基本情報を事前にインプットしておくのは常識ですね。

加えて大切なのは、その場で五感を使って情報収集を図ることです。訪問したときに、会社の外観や受付、オフィスなどをよく観察します。そういった視覚からの情報がお客様や会社について豊富な情報を与えてくれるものなのです。

そのためには、「あえて約束の時間より10分以上早めに行く」というのもよい手です。

会社の第一印象となるのは受付ですから、たいていの企業では受付の教育をきちんと行なっています。受付での応対を見れば、「その会社がどういう企業姿勢を持っているか」がわかります。

受付の方が起立して挨拶をするような企業は、規律や礼儀を大事にしていると思われますし、ただインターホンだけが置いてあるところでは、スピードや効率を重視しているのかもしれません。

入口や待合室などの社内の内装や調度品を見れば、「会社として大事にしているものは何か」が感覚的に伝わってくるものです。

ベンチャー起業などは、デザインセンスのある鮮やかな色のソファなどが、待合室に置かれていたりします。これだけでも、先進的なあり方を追い求めている会社なのでは、と想像できますね。

10分間をただの待ち時間にするのか、その会社について何かを感じとる時間にするのか。それは非常に大きな差を生みます。

そのとき気づいたことを名刺交換の後のアイスブレイクに活用することができるか

らです。

「今回はお時間をいただきまして、ありがとうございます」と挨拶し、「御社の受付の方は、応対の仕方がとても柔らかくて感じがいいですね」「オフィスや廊下に花や植物がたくさん飾ってあって、とても気持ちがいいですね。エコに力を入れていらっしゃる御社ならではですね」

などと、気づいたことを口にするだけでも、相手には、「この人は自社を理解しようとしている」ということが伝わるはずです。

常に、アンテナとレーダーを働かせて、相手とのコミュニケーションの中に信頼の種を蒔くことを心がけてはいかがでしょうか。

■ POINT ■

見て気づいたことを伝えれば、「自分が相手を理解しようとしている」ことを示すことができます。

「高野と申します。お客様を支援させていただくのが私の仕事です」

限られた時間で「信頼」を感じさせるために

会った瞬間に相手に信頼を感じさせられる人と、長い時間をかけて信頼を伝えていくタイプの人がいます。

後者には、「スルメのように噛《か》めば噛むほど自分の持ち味がわかってもらえるはずです」と、それを売りにしている人もいます。

確かに、それは美徳でもあると思います。しかし、人と出会えるチャンスはそうあるものではありません。今、会って話をしていても、次にいつ会えるのかは、わかりません。

であるならば、限られた時間の中で、自分の考え、自分の想いを伝える力がある人が、実は信頼を築いていくことが多いように思います。

たとえば、プレゼンの前の自己紹介で、

「株式会社○○で営業の仕事をしております、高野です」と言う人と、

「お客様のために営業の側面から支援させていただくことを仕事としております、高野です」と言う人がいます。

どちらも同じことを言っていますが、伝わる度合はどちらが高いでしょうか？

伝え方の工夫をしている人と、していない人とでは、プレゼンへの期待値が最初から違ってきてしまいます。


こうした表現の工夫も信頼関係を築いていくときの一つの方法です。あの人のプレゼンはぜひもう1回聞いてみたい、と思ってもらえる人と、「何かあったときに連絡しよう」というところで終わってしまう人は、多分、そんなところも分かれ道になるのではと思います。

◉45秒で自分を伝える

プロとしての信頼を築きたいのであれば、どうやって自分を伝えるのかを、常にシ

ミュレーションしておく必要があると思います。

3分間で自分という人間を伝えるにはどうしたらいいか、1分間で自分の強味を伝えるにはどうしたらいいか、45秒で商品のポイントを伝えるにはどうしたらいいか。

こうやって、時々シミュレーションしている人は、相手に期待される自分を45秒で伝えることができるようになってくるのです。

相手に45秒で伝えられる能力は、忙しい相手にとって、「こいつは仕事ができる」という信用・信頼につながる可能性が高いものです。

仕事で信頼を得るための一つの形として「スピード」は大事な要素、ということも忘れてはいけないと思います。

POINT

短時間で自分を伝える工夫は、仕事の信頼感につながります。

「何かありましたら、よろしくお願いします」

可能性を失う言葉を口にしていませんか？

仕事で初めての方にお会いするとき、誰もが「次につなげる」ためのとっかかりを見つけたいと考えているはずです。

しかし、その「次につなげる」可能性を閉じてしまうフレーズがあります。

「何かありましたらよろしくお願いいたします」

この言葉は、「使っても効果がないフレーズ」のランキングの第1位に輝くのではないかと思います。「何かありましたらよろしくお願いいたします」と言っても、「何か」につながることはありえないからです。

ホテルでも、お客様と話をした結果、「自分達の提案するサービスが現段階では必要がない」とわかることがあります。

そんなとき、「では、また、何かありましたらよろしくお願いいたします」と言ってしまうと、次の機会をお客様にゆだねてしまうことになります。

冷静に考えれば、お客様はよほどのことがない限り、一度しか話をしたことがない人に「何か」を頼むことはありません。ですから、次につながる可能性はないのです。

次につなげるためには、自分が次のアクションをとる余地を残しておく必要があります。

具体的には、

「本日色々とお話をうかがう中で、御社のニーズもよく理解いたしました。ぜひ、タイミングを見て、またご提案をさせていただいてもよろしいでしょうか？」

と、**次につなげる「提案」をするのです。**

「ああ、いいですよ」と言われたら、「ありがとうございます。新しい宴会プランのパンフレットを1か月後にお手元に届くように手配させていただきます。本日は、お忙しい中、どうもありがとうございました」

と言って話を終えます。こうすると、お客様の頭の中には、今回の話に続きがあるという印象が残るのです。

お客様を訪問した後は、**その日の夕方までにお礼のメールを、また当日中にお礼の葉書を送っておくのもよいでしょう。**話を聞いてもらったということは、相手の一番大切な「時間」を自分のために割いていただいたということです。ですから、お礼の気持ちを伝えるのが礼儀です。これは、タイミングを間違うと意味がありませんから、少なくとも翌日の朝一番までには行ないます。そのための時間も、あらかじめとっておくとよいでしょう。

◉ご機嫌うかがいのメールは逆効果

時々、頻繁にメールでご機嫌うかがいをしようとする人がいますが、相手が忙しいときに名指しのメールを送ってしまうと、「返事を書く時間も惜しいのに」と思われて逆効果になることがあります。

それより大切なのは、**約束したパンフレットを1か月後にきちんと渡すことです。**そしてパンフレットができたら、お渡しする準備ができたことを伝え、「ご説明かたがた、ご挨拶におうかがいしたいのですが」とお願いしてみる。「忙しい」と言われたら、「では、また来週に改めてご連絡させていただいてもよろしいですか」と言って、次に連絡をするタイミングをうかがうのです。

もちろん、連絡のとり方についても、相手が電話で、と言ったら電話で、メールでと言われたらメールで……というように、相手の望む方法に合わせます。

蒔《ま》いた種にきちんと水をあげ続けるように、「自分がご縁を続けたい」と思った相手には、タイミングよくご縁を育くんでいく努力が大切なのです。

POINT

ご縁を作りたい相手とは、相手のペースに合わせながら、自分から「何か」を作っていこう。

「読んでいますよ」という意味で「いいね」を押しました。

メールやSNSで信頼を得るために必要なこと

お会いした方には、書面、メール、電話、SNSと、どんな方法で連絡をとればよいかを必ず確認することが大事です。相手の受けやすさ、返信しやすさを考慮して連絡をするのは基本だからです。

メールやSNSは、直接顔が見えず声を聞くこともできないため、相手の心の機微《きび》を読みとるのが難しいツールです。だからこそ、ちょっとした心配りが必要です。

たとえば、同じ相手と何度もメールのやりとりをするケースがあります。このとき、過去のメールの引用が必要であれば、相手のメールの中に、

（相手のメール）～の件はいかがでしょうか？

◆高野　そうですね。北陸支部の研修の打ち合わせは、●月●日でお願いいたします。

などと、自分のコメントとして、繰り返すように目立たせて挟むと、相手もわかりやすいですね。

最近はスマートフォンでメールを見る人も増えています。だからこそ、ひと目でわかるよう、送り方に気を遣う必要があるのです。

◉「いいね」の上手な使い方

ツイッターやフェイスブックなどのSNSも、コミュニケーションの場である以上、「読み手がどう受けとめるか」を考えて情報を発信する必要があります。

たとえば、フェイスブックでどのような情報をシェアするか、リンクするかによって、その人の価値観や人間性が判断されることがあります。

知り合いの投稿に「いいね！」を押したところ、その内容がかなり偏ったものになっていたため、自分までその考えに近い人物であると思われてしまう。このような可能性もあることは心得ておいてもいいと思います。

ＳＮＳは、コミュニケーションのためのツールですから、自分の姿勢をきちんと意識することが何より大切だと思います。

しかし、相手が見えない分、気持ちが伝わりきらないこともあります。

たとえば、フェイスブックの「いいね」ボタンですが、中には「いいね」を押しにくいケースもあります。「母が入院しました」、「親友が亡くなりました」という内容がつづられていたような場合、これに対して「いいね」と反応するのは、気がとがめます。そんなときは**「『読んでいますよ』という意味で『いいね』を押させていただきました」**と一言添えることで、こちらの気持ちが伝わります。

◉処理するのではなく、「伝える」ことを意識する

メールやＳＮＳは便利で手軽ですが、効率的に対応しようと考えるうちに、**「気持ちを伝える」ことよりも「情報を処理する」ことに意識が向きがちです。**

速く返信するというのは信頼につながる一つの要素ではありますが、それによっておろそかになっていることもあるかもしれません。

メールを送るときに、たとえば次の3点を確認するだけで、丁寧さがずいぶんと変わってきます。

「『てにをは』に間違いはないか」
「漢字の変換ミスはないか」
「直接会ったときのことを考えると、この言い方は失礼ではないか」

忙しくてメールを返信する時間もないのに、内容の見直しなどできない、という方もいるかもしれません。でも、そのメールの1本で信頼を失う可能性もあるのです。
これは私自身の反省からも実感していることです。

■ POINT ■

便利な道具だからこそ、相手がどう受けとるかを意識しましょう。

「この会社が好きなんです」

楽しく仕事をしている人は、何より人を惹きつける！

どんな人からも「この人と一緒に仕事をしたい」と思われる瞬間があります。それは、**「仕事が好き」、「この会社が好き」という気持ちが、相手に伝わったときです。**

◉9000万円の家を2棟受注した受付の女性

ある有名住宅会社に勤務する女性の話です。

彼女は住宅展示場の受付をしていたのですが、なんと、ある年の年末に9000万以上の家を2棟も受注したのです。

年末と言えば出費が多いですから、業界では最も家が売れない時期として知られています。しかも、彼女は営業ではなく、受付をしています。受付の女性から家を買うというのは、まずありえないことです。

ある日、営業マンの名刺を持ったお客様が受付にやってきました。

「営業の◯◯さんはいますか？」

「申し訳ありません。ただ今、席を外しております。15分ほどしたら戻ってくると思うのですが、よろしければご用件を承りましょうか」

「いや、ちょっと家のことで相談があって来たんだよ」

「そうでございますか。私に何か揃えられる資料はございませんか？」

「じゃあ、◯◯さんが帰ってくるまで、◯◯の資料を見せてもらおうかな」

彼女は、お客様から「こんな資料ある？」と聞かれれば、ニコニコと嬉しそうにしながら「すぐお持ちします」と対応していました。その様子を見て、お客様は「あなたはいつもニコニコしているけど、嬉しいことでもあったの？」と尋ねました。彼女の答えはこうでした。

「この会社が大好きなんです。当社で家を買ってくださった人達は、皆さん喜んでくださって。よい家を作ることを目指しているのですが、それでも年月が経ってくると不具合が出てくるものです。そんなときは担当者がすぐに飛んで行くんです。そうすると、お客様はとても喜んでくださるんですよ」

その後、一旦、お客様は別の会社のモデルハウスへ足を向けました。

数日して、そのお客様が戻って来ました。そして、

「やっぱり、ここに決めます。そのかわり、受付の◯◯さんから買いたい」

と言ったのです。

営業担当者が驚いて事情を聞くと、「彼女の『この会社が大好き』という一言が決め手になった」とのお話でした。

しかも、同じ月に、もう1件同じようなことが起こりました。どちらのお客様も、彼女が棟上げ式に参加することを条件に家を購入したと言います。

彼女は、翌年の1月に社長賞を受けたのですが、あくまで謙虚に「私、何もしてないのに」とおっしゃっていたのが印象的でした。

彼女の快挙は営業担当者達にも伝わっていますから、今では彼らがお客様に彼女の自慢話をするようです。

それを聞いたお客様と営業担当者の間で、さらに会話が広がっていきます。

「ここで働いている人は、皆さん会社が好きなんですね」

「そうなんですよ。私も、この会社にいて本当によかったと思っているんです」

一連の会話を通じて、お客様はその会社の仕事に安心感を持つという好循環が生まれたのです。

◉お客様は、自分の会社、商品、仕事が好きな人から買いたい

「お客様は誰から買いたいか」の答えは、「自分の会社が好きでしょうがない人」です。このことを、受付の彼女が、ほかの営業担当者に気づかせてくれたのです。

「生活費を稼ぐために仕方なくやっている」としか思えない働き方をしている人は、世の中に少なからずいるものです。そういう気持ちは、口には出さずとも暗黙のうちに伝わってしまいます。誰しもそんな人から物を買ったり、一緒に仕事をしたいとは

思わないでしょう。

仕事や会社、自分が取り扱っている商品に自信とプライドを持ち、仕事をする喜びや、「この会社のものだから売りたい」という気持ちを持つ。

それが、お客様と築き上げる信頼の最も根底の部分ではないでしょうか。

■ POINT ■

会社が好き、その商品が好き、仕事が好き。そんな人と関わりたいとみんな思っています。

第5章

リーダーとして「信頼」を得る

～「手放しで信じる」ことから、すべてははじまる～

「大原やな」

優れたリーダーは、メンバーを尊敬している

以前、私はネッツトヨタ南国の現相談役・横田秀毅《ひでき》さんと同じ講演会でお話をさせていただいたことがあります。

講演が終わり質疑応答の時間に、会場から横田さんに向けて、「横田さんにとってのお師匠さんは誰ですか？」という質問がありました。

すると、横田さんは迷わず、

「大原やな」

と答えました。

一体どんな人だろうと、話を聞くと、

「僕の部下です。そこに来てますよ」

と笑っています。私も含めて、会場の参加者は、皆、「ほー」という感じでした。横田さんのような人のお師匠さんと言ったら、経済界の重鎮や歴史上の人物の名前が出ると思っていたのです。その空気を察したのか、司会の方が続けて聞きました。

「なぜ大原さんがお師匠なのですか?」

「僕は、彼と話をしているだけですごく刺激になるんです。感性がとても素晴らしくて、僕なんかとてもかないません。いつもたくさんのことを教わっています」

「僕はね、彼によく叱られるんよ」と、さらに横田さんは続けました。

「怒られる」というのは、横田さんの一流の表現なのかもしれません。部下でありながら、トップである横田さんに、指摘ができたり、意見をぶつけたり、提案をしたりすることができる組織の風通しのよさと、**部下の言葉を受け入れる横田さんの器の大きさが、「叱られる」という一言から充分に伝わってきます。**

この話を聞いたとき、私は横田さんの会社で生き生きと働いている人達の姿を想像し、「よい会社だな」と感じました。そして、これが経営者、リーダーとしてのあるべき姿だと思ったのです。

◉数百万円の経費よりも嬉しいこと

横田さんと同じことを、ホンダカーズ中央神奈川の相澤賢二会長も語っています。

ホンダカーズ中央神奈川では、あるとき、会長の判断で、数百万円をかけて、販売店のドアを手動から自動ドアに変えたそうです。それまではお客様が来ると社員が手でドアを開けていたため、効率が悪いとの理由からでした。

しかし、一店舗だけ改装が遅れたお店があり、そこで働く社員から「自動ドアにするのをやめて欲しい」という声が出たそうです。

彼らが言うには、今までは、社員がにっこりと笑ってドアを開けながら、お客様一人ひとりに「こんにちは！」、「いつもありがとうございます！」と声をかけていた。そこから会話がはじまって、スムーズに営業の話へ持っていくことができていたのに、自動ドアでは、お客様との接点がなくなってしまう、ということでした。

最終的に、社員達の意見を受け入れた相澤会長は、ほとんどの販売店のドアを手動のドアに戻したそうです。

普通の会社であれば、お金をかけて導入した自動ドアを、壊して元に戻して欲しいとは言えないでしょう。でもそう言えてしまうのは、自分達の仕事の最終目的は、お客様に満足していただき、楽しんでもらうことだとわかっているからです。そして、たとえ会長の決断であっても、間違っていたとしたら、「それは違います」と言える風通しのよさがあるからです。

相澤会長は、「ドアを壊してまた作ったら、さらに数百万円もかかったよ」と、頭をかいていました。でも、その様子は、とても嬉しそうでした。

嬉しそうだったのは、社員が最終的にお客様のことを考えていることを実感し、部下との間の信頼のレベルが上がったからなのでしょう。

POINT

部下でも上司でも、相手を尊敬することで信頼は深まります。

「お前の信じるようにやれ」

その一言から私が受けとったもの

自分の心に垣根を作らず、自分のスタッフを信頼しきる。これは、リッツ・カールトン創業者のホルスト・シュルツィの仕事の流儀でした。

その信念を物語るエピソードの一つが、「2000ドルの決裁権」です。

リッツ・カールトンでは、現場のスタッフに自らの裁量で2000ドルの決裁権が与えられています。

2000ドルと言えば、決して少ない金額ではありません。

この話をすると、色々な企業の方から「年間いくら使うのですか？　ウチの会社ではとても無理です」と言われます。

そんなルールを作って、社員にどんどん使われたら大変だ、と思われるのでしょう。だから、「日本の2軒の全社員をあわせても、せいぜい年間数十万円程度です」と答えるとびっくりされます。

つまりスタッフは、決裁権が与えられているからといって、無分別にその権利を乱用するわけではありません。

◉2000ドルの決裁権の本当の意味

ここで大きな意味を持っているのは、「2000ドル」を使うかどうかではなく、**会社から、自分はそれだけ信頼されているという事実なのです。**

社員は誰でも2000ドルの決裁権を与えられるまで信頼されたら、その信頼に見合う仕事をしようと思うものです。また、そこまで信用されている、と感じたら、かえって使えないものなのです。

シュルツィは、スタッフを信頼しきるという覚悟を決め、「決裁権を与える」という行動に移したことで、全スタッフから信頼を得ました。そして私達も、シュルツィを信じたのです。

「リーダーは自分達を信じてくれている。だから私達も、リーダーのやることや価値観を信じよう」

こうして、信頼関係の橋が築かれたのです。

◉手放しの信頼の言葉が、人を勇気づける

大阪のリッツ・カールトンの開業に携わっていたときのことです。

開業時は、イチから新しいホテルを作るわけですから、毎日色々な混乱や衝突が起こります。

当時は、リッツ・カールトンらしさにこだわることと、大阪流でスムーズな開業を目指すことで、考えの違いが生じることがよくありました。

私は海外のリッツ・カールトンから日本に戻ってきたばかりでしたから、スタッフは皆、海外から来たこの日本人をどこまで信用していいのかがわからなかったのでしょう。本社に「高野という人間に任せて、本当に大丈夫なのか」という内容の問い

合わせの手紙やファクシミリが届いたそうです。

それらは、シュルツィあての親展ですから、本来は本人しか読むことができないものです。

しかし彼は、コピーをなんと私の自宅にファックスしてきました。

そして「大阪で何が起きているんだ?」と尋ねてきたのです。

私は、リッツ・カールトンとしての軸をぶらさない開業に尽力しているという、自分の考えを率直に彼に伝えました。

次に、シュルツィから届いたファクシミリには、太い自筆の文字で鮮明にこう書かれていました。

「**Do as you believe. Host（お前の信じるようにやれ。ホルストより）**」

それを見たときの感動は、今でも鮮明に覚えています。その一文には、「お前を信頼している。だから好きなようにやれ」というシュルツィの気持ちが込められていることが感じられたからです。

まさにこれがシュルツィの信頼の伝え方だったのです。
私も、スタッフを心から信頼しながら仕事をしていこうと改めて感じた瞬間でした。

POINT

信頼されたいなら、まず相手を手放しで信頼すること。

「よくなったね」

心にスイッチを入れる一言のコツ

リーダーにとって「気づく力」は、とても重要な資質と言えます。「気づく力」とは、「何気ない日常を見逃さない」ということです。

優れたリーダーは、気づいたことをきちんと言葉に出しています。

「さっきの対応、よくなったね」

「ずいぶん、仕事が速くなったんじゃない？」

こうした言葉でメンバーは、リーダーが自分のことを見ていてくれたことを知り、リーダーに信頼感を抱きます。

すると、さらに仕事も楽しくなっていきます。

◉相手の「変化」を褒めよう

リーダーが「気づく力」を持てば、メンバーにかけるべき言葉は変わってきます。いつも会議の資料作りや会議室の設置をするメンバーの仕事ぶりがよくなってきたと感じたら、「はい。ごくろうさん」で終わるのではなく、

「最近、会議前の準備の仕方がよくなってきたね」

「気がつくことが多くなってきたね」

「あなたに準備をしてもらうと、行き届いているから気持ちがいいよ」

「いつの間にか世話いらずになっちゃったね」

など、**「ちゃんとあなたの変化に気がついているよ」**という言葉が出てくるはずです。

これに対してメンバーは、「リーダーは気がついていてくれたんだ」と嬉しく感じるでしょう。

自分の変化に誰かが気がついてくれると思ったとき、モチベーションに大きな違いが出てきます。誰でも、自分を認めてくれる、見てくれている人に対しては、信頼、

尊敬、そして好意を持つようになるからです。

リーダーの信頼を作るのは、単なる言葉だけではありません。「ずっと見ているよ」ということが、相手に伝わってはじめて、信頼が生まれるのです。

たった一言、「机の上が綺麗になったね」でも、「ミスが減ってきたね」でもいいのです。気づいたら、言葉にすることが大切なのです。

◉気づく力が、メンバーの安心感を生む

「気づく力」は、メンバーをフォローするのにも役立ちます。

「最近、ちょっと仕事が遅いな」、「仕事の内容があまりよくないな」と思ったときに、その人の机の上を見ると、書類の山ができていて、どこに何があるのかわからない状態だったりします。多くの場合、机の上の状態とその人の仕事の仕方は、微妙に連動しているからなのです。

しかし、メンバーのミスが増えたことに気づいたとき、「最近、仕事の内容が雑になっているみたいだね」とストレートに尋ねてしまうと、ただ落ち込ませてしまった

り、反発を抱かせてしまったりする可能性があります。これでは信頼を維持しながらの問題解決にはつながりません。

遠回しに「**悩み事があるんじゃないの？　大丈夫？**」「**最近、あなたらしくないミスが多いけど、心配事でもあるの？**」と尋ねてみる。すると、抱えている問題が出てくることがあります。

「実は母親が倒れまして」、「妻の体調がよくなくて、子どもの弁当を自分が作っているのです」といった回答が返ってきたら、「それだったら、２週間ぐらい仕事の量を減らしてみようか」といった提案もできます。

これを、メンバーの立場から見てみましょう。「妻が入院することになって、幼い子どもの面倒を見なければならない」という状況に陥ったとしても、「仕事量を減らして欲しい」とはなかなか言い出せないものです。

仕事が忙しい時期などは、なおさらです。リーダーに対して、自分のプライベートの問題を相談するのは迷惑ではないかと遠慮してしまうこともあると思います。

そんなときに、リーダーのほうから、自分の問題に気づいてくれたとしたらどうでしょう。そんなリーダーのもとで仕事をする安心感が生まれますね。

誰か一人の負担を減らすことで、ほかのメンバーがなんと言うだろうか。そう考える方もいると思います。

でも、病気や家族の入院など、誰でも仕事が思うようにできない事態は起こりえます。だから、リーダーが「今、彼の奥さんが大変なんだ。2週間ほど仕事の分担量を変えるけれども、皆、サポートをしてくれ」と提案したときは、「何かあったら、自分も同じように、仲間からのサポートが必要だから、お互い様だ」と納得してくれるものです。

また、「2週間」というように期限を示すと、そこまで頑張ればよい、という目安がわかりますので、受け入れやすいと思います。

POINT

「自分を見ていてくれたんだ」と気づいたとき、メンバーとの信頼は生まれます。

「今日も頑張ろうな」

相手の成長を左右する、叱った後の「フォロー」

「怒る」と「叱る」には違いがあります。「怒る」は、言うなれば感情の爆発です。自分が気にくわないという感情を「何をやっているんだ！　ふざけるな！」とただぶつけるだけで、そこからは何も生まれません。

リーダーが常に何を軸にして考えるべきかと言えば、メンバー一人ひとりの成長です。「成長して欲しい」という想いがまずあって、リーダーとしてその人の成長に責任を持つ。だからこそ、**怒るのではなく「叱る」**のです。

ただし、叱りっぱなしにしてしまうと、痛みを残してしまうこともあるため、的確なフォローが必要になってきます。

リッツ・カールトン時代、私のお師匠の一人である、元松下政経塾塾頭の上甲《じょうこう》晃《あきら》先生から、松下幸之助翁の叱り方、部下との距離の取り方を教わったことがあります。

松下翁は、部下が仕事をおろそかにしていたり、凡ミスをしたりしたときには、どんなに遅い時間であっても自分の部屋に呼び出して、

「お前の仕事の仕方は、自分の能力の20％しか出していない。何を考えているんだ。やらなければいけない仕事は、この5倍あるだろう。20％の力でこんな仕事をしていて恥ずかしくないのか！」

などと、ビシッと叱っていたそうです。

◉松下幸之助翁のフォローとは

課長クラスの人が松下翁にこっぴどく叱られたときのことです。肩を落として帰宅したところ、奥さんがご馳走をたくさん作って待っていてくれたそうです。彼はびっくりして、「あれ？　今日は何かの記念日？」と聞いたら、奥さんは「社長さんから

こんな電話があったのよ」とそのわけを話しはじめました。

彼が会社を出た後、奥さんに電話でこう言ったというのです。

「今日、あなたの旦那さんを叱りました。彼にはもっともっと大きい仕事をやってもらいたいから、心を鬼にして叱り飛ばしました。きっと意気消沈して帰るから、何か美味いもんでも食わしてあげてや」

いかがでしょうか。この瞬間、叱られたことに対して、怒りや不満が消えたり、まったく違った景色が見えてくるのではないでしょうか。

「そうか。叱ってくれたのは、自分の成長を考えてくれたうえでのことか」と気づいて、明日からの仕事の仕方も違ったものになるのです。

私はこの話を上甲先生から聞いたときに、叱り方は難しいということと、こういう叱り方ができる人間になったら、間違いなくリーダーとしての信頼を勝ち得るだろうなと心底思ったのを覚えています。

叱った後にフォローをするかしないかは、叱った内容をよい方向につなげられるか、それとも沈んだ感情を後に引いてしまうかの分かれ道になります。この話でもわかるように、叱った後のフォローは、リーダーとメンバー間の信頼にもつながっていきます。

今日は徹底的に叱ったとしたら、翌朝はその人よりも早く出社して、**「昨日、ああいうことを言ったのは、成長して欲しいからだよ。今日も頑張ろうな」**というメモを机に置いておく。また、あえて夜中など、本人が携帯電話を見ない時間にメッセージを残しておいてもよいでしょう。翌朝、起きたときに、そのメッセージを見たら、何かを感じとってくれるはずです。

POINT

叱ったら、その気持ちを必ずフォローしよう。

「スタバの前を通ったから、買ってきたんだ」

忙しいときに効果的なコーヒーブレイク

あまりにも忙しいと、メンバーに対する気遣いがついおろそかになってしまうものです。

しかし、忙しい中にあって、いかにメンバーのやる気を奮い立たせる配慮ができるかが、リーダーとしての価値を左右します。

リッツ・カールトン大阪の開業前もそうでした。

長いカウントダウンの中で、皆慌ただしく殺気立ちながら仕事をしています。

そこで、夜遅くまで仕事をしているメンバーに、よく「栄養ドリンク」の差し入れをして、「あと何日！　頑張ろう！」と声をかけました。

こんなふうに、「みんな一緒に栄養ドリンクを飲んで頑張っている」というところで、人はつながりを感じます。1日1日カウントダウンしながら、みんなのテンションもあがり、一体感を持って開業を迎えることができたのです。

◉コーヒー1杯、お茶1杯でリーダーの格が上がる！

リーダーは、忙しいときこそ、その役割を発揮するときです。

皆が忙しくて殺気立っているときに、近くのコーヒーショップでコーヒーを買ってきて振る舞ってみるのです。

「皆、忙しいだろうけど、コーヒーを飲んで一息入れようよ。打ち合わせの帰りにスタバの前を通ったから買ってきたんだ」

コーヒー1杯を飲むのに、それほど時間はかかりません。せいぜい2〜3分、そのくらいなら、誰でも手をとめられるはずです。短い時間であっても、皆で一緒にコーヒーを飲むことで、「チーム一丸となって頑張っていこう」という一体感が生まれます。

大事なのは、「リーダーがスタッフのためにコーヒーを用意する」ということです。

ただ「コーヒーを飲んで一服しよう」と言うと、若い人やアルバイトの仕事になってしまいます。それでは、その人達は一息つくことができません。

だから、リーダーが自分で用意して、自分で声をかけます。こうして、アルバイトも社員もみんな一緒にブレイクをとることができます。

ちなみに、コーヒー代はもちろんリーダーの自費です。コーヒー1杯がチームの潤滑油になってくれるのですから、安いものです。

ときにはリーダー自らが、お茶を淹《い》れてメンバーに振る舞ってみるのもよいかもしれません。

忙しくて皆が疲れているときに、「お疲れ様。いつも○○さんが淹れてくれるお茶よりは美味しくないかもしれないけど、1杯どう?」と持っていくのです。

最初は、「えー、△△さんがお茶を入れるなんて!」とびっくりされるかもしれませんが、リーダーへの視線は明らかに変わると思います。これは、リッツ・カールトンのエルベ・アムラー副社長(当時)から教えてもらったテクニックです。

リーダーが変わることで、チームや組織の空気が変わります。

迷いのない信頼は、メンバー一人ひとりの心のスイッチを大きく入れる力となります。

信頼関係を作るとは、こうしたことの積み重ねなのです。

■ POINT ■

忙しいときこそ、リーダーが「息抜き」の時間を作ろう。

「あなたの可能性をもっと広げられると思うんだよね」

リーダーの役割は、「成長できる環境」を作ること

リーダーは人の成長を支えて、はじめて信頼されるものです。

ただし、**リーダー自身が人を成長させることはできない、と私は考えます。**

また、「リーダーが人を育てる」という意識を持っていると、メンバーが一人前になったときに、「あいつは俺が成長させたんだ」と吹聴したり、気持ちに奢《おご》りが生まれることにもつながります。最終的には、メンバーから反発を受け、せっかくの信頼を失ってしまいかねないのです。

「成長したい」と思っている人に対して、その成長意欲にさらに火をつけ、成長できる環境を作る。また、成長意欲に乏しい人に対しても、可能性を引き出して、自ら「成長したい」と思わせるような環境を整える。このように成長をサポートすること

こそが、リーダーの役割の最たるものと言えるでしょう。

メンバーが成長する環境を作るために、リーダーには観察力や提案力を発揮することが求められます。

たとえば、営業職のAさんがいるとします。彼は、営業成績では伸び悩んでいるのですが、営業の仕事から離れるつもりはないようです。しかし、Aさんの仕事を見ていると、彼には優れたコミュニケーション能力があり、PR部門のほうが、適任ではないかと判断しました。

そんなとき、リーダーの力が試されます。

◉「可能性」を伝えることで、挑戦へのスイッチを入れる

「あなたの仕事を見てきたけれど、営業よりも、PRのような仕事のほうが、得意なんじゃない？」とストレートに伝えることもできます。

しかしこれでは暗に、「あなたは営業には向いていないよ」と言っているように聞こえかねません。Aさんが自信を失ったり、反感を覚えたりする可能性があります。

私は米国でのリッツ・カールトン時代に、ロサンゼルス・オフィスのあるスタッフに対して、「PRマネジャーに空きがあるけど思い切って挑戦してみない？　あなたの可能性を広げられると思うし、あなたなら、きっといい仕事ができると思うよ」と提案した経験があります。

「もっと可能性が広がる」と言われると、「ちょっと試してみようかな」と素直に思えるものです。

彼女は、転属先でPRの仕事をイチから学び、次第に「リッツ・カールトンのよいところをもっと表に出していきたい」と、伝える面白さに目覚めていきました。

PRの仕事が楽しくなり、メディアの関係者とのつながりが増え、各媒体への露出が増えていく中で、彼女自身にスイッチが入っていきます。

そして、PRディレクターにまで昇進したのです。

誰もが、自分のことは自分が一番よく知っていると思いがちです。

しかし実は、意外と自分が一番わかっていないものなのです。理由は簡単で、誰しもこれまで自分が育ってきた環境、学んできた環境、身につけてきた知識やスキル、経験の中でしか物事を捉えていないからです。つい、自分にとって想定外の、違う価値観の仕事に出会うと、「自分にはできない」と思い込んでしまうのです。

しかし、本当に適性があるかどうかは、他人の冷静な目で指摘されてはじめてわかることも少なくありません。

だからこそリーダーは、本人も気づいてないメンバーの能力や可能性を見出し、環境を整えることが大事なのです。

「別の可能性も考えてみたら？」と定期的に提案し続けることで、本人も未知の世界への恐怖感が和らいで、やる気が少しずつ出てくるでしょう。その中から、期待以上の活躍を見せる人は、必ず現われるものなのです。

POINT

可能性を見せる一言で、部下の将来を広げよう。

「俺の日本人の息子が行くかもしれないから、そのときはよろしく頼む」

見えない信頼が見えたとき……

１９９０年にザ・リッツ・カールトン・サンフランシスコの開業に関わった頃の話です。

サンフランシスコのフェアモントホテルで働いていた当時、雇用契約の更新を目前に、このホテルで働き続けるか、あるいは新天地を求めるかという決断をしなくてはなりませんでした。

そんなある日、フェアモントの目と鼻の先に、ザ・リッツ・カールトン・サンフランシスコが開業するという情報が伝わってきました。

私の心は大きく揺れました。

１９８８年のベルリンのコンベンションで、私は当時リッツ・カールトンの社長だったホルスト・シュルツィと会っていたからです。

そのときシュルツィは、私と固い握手を交わしたのち、リッツ・カールトンのビジョンを熱心に語りかけてきました。彼の言葉は、私の心の琴線にビンビンと触れてきました。そのとき、ぼんやりとですが、いつか自分は、この人と働くことになるのではないだろうか、という予感がしたのです。

その記憶が、「リッツ・カールトンに行ってみたい」という想いをかき立てたのです。

そうこうするうちに、いよいよ契約の更新が近づき、私はフェアモントホテルのスウィッグ社長から声をかけられました。

「どうだ、契約を更新してくれないか?」

フェアモントホテルは素晴らしいホテルでしたし、大切な仲間もいました。「もうしばらくここで働き続けるのも悪くない」。そう思う自分もいました。

しかし、その場で「イエス」と即答はできませんでした。すでにリッツ・カールトンの存在が頭から離れなくなっていたのです。

さすがに私の迷いが伝わったらしく、窓から工事現場を指さしながら、スウィッグ氏はこう言いました。

「あのホテルが気になるのか?」

私は正直に想いの丈《たけ》を話すことにしました。

リッツ・カールトンでのチャレンジに興味を持っていること、一方でフェアモントホテルには愛着があり、離れがたい気持ちを持っていること……。

彼は、私の想いを理解してくれたようでした。

「リッツ・カールトンに願書を送ってみたらどうだ」

無理に引き留めようとはせず、新たなチャレンジを後押ししてくれたのです。

◉スウィッグ社長からの手紙

その後、私は念願かなってリッツ・カールトンに採用されることになりました。

働きはじめてしばらくしてから、アトランタ本社(当時)でシュルツィと会ったとき、彼は1通の手紙を見せてくれたのです。タイプライターによるビジネスレターでしたが、文面の最後に、手書きの1文が書き添えられていました。

「俺の日本人の息子がそちらに行くかもしれないから、そのときはよろしく頼む」

手紙は、フェアモントホテルのスウィッグ社長からシュルツィにあてられたものです。日付は、私がリッツ・カールトンに採用される前のものでした。

つまり、私と話をした後、すぐに手紙を書いてシュルツィに送っていたのです。

見覚えのある筆跡を見ているうちに、胸が熱くなってきました。スウィッグ社長が私を信頼してくれていたことが、強く伝わってきたからです。

もし、シュルツィが私に手紙を見せてくれなかったら、私はこのことを永久に知らないままだったでしょう。もちろん、私が後々目にすることを意図して手紙を送ったのではないことは明らかです。

そのとき私は、一つの信頼の形を教えていただいたように思います。

そして、私は、今までも自分の気づかないところで、このように多くの人に支えられてきたのだなあと、しみじみ思い至りました。

私はフェアモントホテルを離れることになりましたが、スウィッグ社長との信頼関係はむしろ深まったように感じました。
彼からは、骨太な恰好いいリーダーとしてのあり方を学ばせていただきました。

POINT

信頼されるリーダーは、常に相手の成長を第一に考えています。

第6章

信頼が壊れるとき

～気づかないうちに、あなたの可能性を奪っていること～

「いわゆる～ですね」

信頼を失う言葉に注意！

ビジネスの場では「言わなくてもいい一言」というものがあります。

「それはいわゆる○○ということですね」

この言葉は、通常、相手が言った言葉を、自分の言葉に言い換える意図で使います。確認のつもりで使っているのでしょうが、かなり、上からの物言いであり、余計な言葉と言えそうです。気が短い人であれば、「だから、俺はそう言っただろう！」と怒鳴られてしまうかもしれません。

相手の言葉を確認したい場合は、確認したい意図を素直に伝えながら質問すればよいのです。

「今のお話は、私はこう理解しましたが、合っているでしょうか？」

「承知いたしました。○○で間違いございませんでしょうか？」

そのほかにも、

「以前もおっしゃいましたね」

「以前にもおうかがいしていますよね」

これなどは、相手が高齢であった場合、馬鹿にされたと受けとられることもあります。

「確かに前にも言ったかもしれないが、こっちは忘れているんだよ！　だからもう1回言ったんじゃないか！」

と怒りの感情をわかせてしまうこともあるのです。

◉相手との距離を作る「しょせん」、「しかしですね」

職場での会議や、お客様との商談中に使いがちな「信頼を失う一言」は、たくさんありますね。

たとえば、「しょせん」というフレーズ。

建設的な議論をすべき場で、つい「しょせん、うちの会社では」、「しょせん、当社クラスでは」、「しょせん、私のレベルでは」などと口にしてしまう人は、意外と多いのです。

相手を立てるために、自分や自社を卑下する意味で使ってしまうのでしょうが、これはどうも逆効果のようです。相手に**「この人は自信がないんだな。仕事を任せて大丈夫なのだろうか」**と思わせてしまい、信頼が揺らぐきっかけともなります。

次は、「しかしですね」という反論。

この言葉がよく登場するのは、相手の意見を受けて自分が意見を言うときです。自分が話し出すきっかけとして何気なく使ってしまう人もいれば、反対意見を述べるために用いる人もいるでしょう。

これはかなり危険な言い方と言えなくもありません。なぜなら、「しかしですね」はそれ以前の言葉を全否定する力を持っているからです。つまり、相手がそれまで述べてきたことを一瞬で打ち消してしまうことになりかねないのです。

当然、言われた側は、かなりのストレスを感じてしまいます。

反対意見を述べるときは、ほかに適切な言葉遣いを選ぶ必要があります。

「お話、よくわかりました。確かに、そういう見方もございますね」

と、相手の言葉を受けとめていることを示したうえで、

「よろしければ私の考えを少し述べさせていただいてもよろしいでしょうか？」

と許可を求めながら、自分の考えを伝えるようにしたほうがいいですね。

◉「でもね」の一言が、多くの可能性を奪う

そして、もう一つの言葉が、「でもね」です。

日常会話ではよく耳にする言葉ですが、これも「しかしですね」と同様に相手の考えを打ち消してしまう力を持つ言葉です。だから、ビジネスの会議などでは、気をつける必要があります。


以前、ある大手旅行会社にとても優秀な女性の企画部長さんがいました。彼女はその会社で初の女性部長に昇進するほど、優れた企画能力を持っていましたが、外から見ても、部下との関係がうまくいっているようには思えませんでした。

決して部下とコミュニケーションをとらなかったわけではなく、むしろ一生懸命に

耳を傾けているように見えました。新人に対しても、「○○さん、どう思う?」とよく意見を求めていたそうです。

しかし、その会話は、決まってある言葉で締めくくられていたのです。

部長「○○さん、どう思う?」

部下「今、お客様は旅行に、こういう感性を求めていると思います。だから、この企画書のようにやってみたいと思うのですが」

部長「なるほど、色々考えているんだね。〈企画書をパラパラとめくりながら〉……**でもね、これは、前に試したものと似ているね。そのとき、大きな赤字を出したんだけど……**」

部下「えっ、そうなんですか。……じゃあやめたほうがいいですか」

一見、部下の意見を受けとめながら、実は、「でもね」と言って意見を否定しています。声を荒げるわけではないのですが、優しい口調の「でもね」が、部下の反論を遮ってしまうのです。

最初の頃は優しく言われると「なるほど、そういう見方もあるんだな」と納得するのですが、1年、2年と経つうちに、何を提案しても「でもね」と否定されてしまったら……。「あの部長に何を持っていっても、どうせダメだし」と意欲をなくし、活力が失われていった、ということでした。

これでは、せっかくのアイデアも活かされず、部下のイマジネーションの力も育ちません。そして最悪の場合、誰も意見を言わない職場になってしまいかねないのです。

これは、リーダーである彼女にとっても、非常にもったいないことだと思います。**彼女は「でもね」という言葉一つで自分が一番損をしていることに気づきませんでした。**たった一つの口グセが、多くの人のチャンスを奪ってしまったのですね。

だからこそ、口グセには、注意が必要です。その言葉がどれだけの影響を持つものなのか、考えてみることが大事なのです。

POINT

何気ない口グセが、せっかくの人間関係を壊してしまうことがあります。あなたは大丈夫ですか？

お手洗いに立つときも「携帯」は持たない

相手に余計なことを考えさせないのが一流のマナー

人と接するときの大切な心構えの一つが「相手に余計なストレスをかけない」ということだと思います。

たとえば、打ち合わせをしているときに、携帯電話が鳴ったとします。そこで、「申し訳ございません、失礼します……」と中座したらどうでしょう。

その瞬間にお客様との会話は、途切れてしまいます。無言のうちに「ああ、この人は、私と打ち合わせをする時間を、この程度に考えているのか」というメッセージが伝わってしまうからです。

自分はなんとか時間をやりくりして、この人に会いにきている。でもこの人は、ケータイで割り込んできた人を優先するのか――。ビジネスの場では、このように一瞬で信頼を損ねてしまうことがたくさんあります。

気をつけないとならないものに、**「時計を見る」**という動作があります。

もちろん、休憩時間の終わりや仕事の進み具合を確認するために時計を見る必要はありますから、動作自体に問題があるわけではありません。

注意しなくてはならないのは、仕事を頼まれたときなどにフッと時計を見てしまう「クセとしての所作」なのです。

自分の持ち時間を確認して仕事の段取りを組み立てるため、など、他意のない行動なのかもしれません。

しかし、言葉をかけられたときに「時計を見る」クセは、目の前でやられた側の立場からすると、かなりストレスになるものです。「自分は忙しい」、「早くこの場を切り上げたい」、そんなメッセージとして伝わってしまうからです。

無意識に時計を見てしまう人は意外と多いように思います。でもこの何気ない所作は、自分が思っている以上に、雄弁であることを覚えておく必要があると思います。

◉携帯を持つ姿を見て、相手が感じること

意外に油断するのが、会食時の携帯電話です。

電源をオフにする、マナーモードにする、というのは当然として、私は途中で手洗いに行くときにも、携帯電話は持っていかないようにしています。

携帯電話を取り出して持っていく姿を見られたとしたら……。「自分との時間よりも、大事な電話を待っているのかな」と、相手に余計な憶測をさせることになりかねません。だから、本当に緊急の用件があるときは、素直にその旨を伝えてから席に着くなどの配慮が必要なのです。

大切なのは、周囲の人との関係性をどうしたいか、を常に意識することです。それさえ忘れなければ、**「相手にとって自分の仕草や格好はどんなメッセージを発しているのか」、「何をすると相手は余計な気を遣うのか」を容易にイメージすることができるようになります。**

POINT

その仕草を見た相手はどう思うのか。それを考えれば、自ずと控えたほうがよい振る舞いが見えてきます。

「実は私の乗っていた電車も巻き込まれてしまって」

信頼につながる「お詫びの理由」の伝え方

遅刻してきたときに、言い訳から入る人がいますね。

「タクシーが事故っちゃって」、「電車が遅れていて」と言いながら部屋に入ってくる人は、何となくその人の働き方を物語ります。

理由を言いたい気持ちは、痛いほどわかります。でも、相手にしてみれば、まず遅刻に対する謝罪が聞きたいわけです。だから理由よりも「お待たせしてしまい、大変に申し訳ございません」と素直に、お詫びの気持ちを伝えるのが最も大事なのです。

そして会話がはじまって「今日、都内で電車事故があって大変だったみたいですね」という話が相手から出てきたら、初めて「そうなんです。実は私の乗っていた電車も、巻き込まれてしまいまして」と言えば、それでわかってもらえます。

でも、そのタイミングがなかった場合は、言う必要はないのです。

自分が言いたいことをすぐに言わない。自分から言い訳を言わない。言うタイミングを待つということも、深いところで信頼につながっていきます。

お詫びのタイミングということでは、仕事を引き受けて、途中で「これは自分には無理だ」と気づくときもあるでしょう。

これは、早めに「自分には荷が重すぎました」と言ったほうがよいでしょう。ギリギリまで抱えていて、結局できませんでした、では、取り返しのつかないことになります。だから少しでも早く、「私の力不足です。今から別の人にバトンタッチできませんか」と素直に伝え、「今回、こういう学びがありました。これを踏まえ、次回までに力をつけておきます。申し訳ありません」とお詫びします。

こんなことが、逆に信頼につながっていくこともあるのです。

POINT

失敗の理由は言わない。失敗の事実はすぐに伝える。

「日程を前倒しできないでしょうか？」

お断りせざるをえないときに、誠意を示す

頼みごとをお断りするのは、信頼を失うかもしれない、と思うと難しいものです。でも、どうしても、お断りせざるをえない場合もあります。

お客様とのアポイントメントを、やむを得ない事情で果たせなくなることもあります。

このときお客様に連絡をしてアポイントメントをキャンセルするのは致し方ありませんが、可能な限り、約束を先に延ばすのではなく、**前倒しにする努力をすることが大切です**。少なくともその姿勢を示すことで、こちらの想いが伝わるものです。

「お約束の9月30日ですが、どうしてもおうかがいできなくなりました。その前の23日、あるいは24日にお時間をいただくことは難しいでしょうか？」

ここで、先方の都合がつかなければ、10月以降にアポイントメントを取り直せばよ

いのです。大切なのは、まずはこちらから前倒しの日程を提案するという姿勢です。それによって、「自分が相手との時間をいかに大切なものとして位置づけているか」が相手に伝わります。

「やむを得ない事情で、約束した当日には会えなくなった。でも、大切なお客様なので、日程を前倒ししてお目にかかりたい」

相手の心証をよくするためだけではなく、プロの姿勢としてそういう提案ができるかどうか。そこにお互いの信頼を守るためのカギがあると思います。

POINT

相手の気持ちに応えたいという努力が、次の信頼感につながります。

「そうですか。そうお感じになられましたか」

ネガティブトークをさらっとかわす

自分が後ろ向きな発言を慎むのはもちろん、他人のネガティブな意見にも不用意に介入しないのが、プロとして信頼を得られる振る舞いだと思います。

「リッツ・カールトンは素晴らしいけれど、○○ホテルにはがっかりしましたよ」

たとえば、お客様がこのように話しかけてきたとしましょう。お客様による他社の悪口は、耳に心地よく、自社への自尊心をくすぐるかもしれません。

しかし、**「そうですか。そうお感じになられましたか」**と、それ以上他社の話題に言及せず、**「私どものホテルで気づかれたことはございませんか？」**と、話題を切り替えるようにします。

中には、「実は私もあのホテルについては、色々と聞いていましてね」と、裏情報を披露してしまう人もいるようですが、これでは話になりませんね。会社の裏方で、あくまで仕事上の情報交換として行なうことはあるでしょう。しかし、お客様の軽口に乗ってしまうのは、プロとしての振る舞いとは言えません。

◉「受け入れる」のではなく「受けとめる」

こうしたときは「受け入れる」必要はなく、「受けとめる」だけでいいと思います。「あの人にはよくない噂がある」という言葉を受け入れるためには、その価値観を自分の中で咀嚼《そしゃく》する必要があります。その結果、自分でそれを判断しようとする心理が働いて、「あの人は確かに問題がありますね」という不用意な一言が出てしまうことがあるのです。

一方、「受けとめる」場合は、悪意や中傷を咀嚼せず、そのまま受け流すだけです。「お陰さまで、色々なお客様にご利用いただいております」と、一定の距離を保ちながら、さらりと流すのがスマートなプロの対応と言えます。

プロのビジネスの世界は一筋縄ではいかないものです。仕事をしていると、色々なお客様から、様々な話題を差し向けられることがあります。

「□□ホテルの従業員はひどいね。お宅のサービスを見せたいよ」

「そうらしいですね。色々お聞きします」

などと応じたところで、実はその相手がそのホテルのオーナーだった、ということもありえるのです。

「思わぬところに落とし穴があるかもしれない」

そんなことも意識して緊張を保つのもプロの仕事の仕方なのです。

◉「本音トーク」を振られたときの「笑い話」を持っておく

親しいお客様と食事をする機会などに、「そうは言っても、本音では大変だなと思うこともあるでしょう？　失敗もあるのではないの？」と水を向けられることもあります。

そのときプロとしての振る舞いをするのであれば、「実はこんなお客様がいて、困るんですよ」という話は、もちろん論外です。とはいえ、かしこまって「いえ、そんなことはありません」ばかりでは、場はしらけてしまいますね。

そのときのために、いつも「笑い話」や「失敗談」を用意することです。

「アメリカでは、リーダーとスタッフ間の信頼を示すために、リーダーが前で話をした後にスタッフの中に飛び込んでいって支えてもらう、ということがあるのですが、日本にはない習慣ですよね。それを知らなかった支配人が日本人スタッフのほうに飛び込んでいったら、日本人スタッフがよけて、そのまま床に倒れてしまって（笑）」

という話をすれば、「ほう、リッツ・カールトンの人でもそんな失敗をするんだね」と場も和《なご》むでしょう。

優れた仕事をする人は、よい意味での図太さがある人が多いように思います。自分の中に太い軸を持っていれば、多少揺さぶりをかけられても、動じることはありません。話の流れが怪しい雰囲気になりそうなとき、さらっと流すことで、信頼が壊れずに済むこともあります。

POINT

ネガティブな話を振られたら、ただ「受けとめる」。

「スイートを展示場にしましょうか?」

断る前にイマジネーションを発揮しよう

リッツ・カールトンでは、できる限りお客様の期待に応えようと、難しいことでもホテルマン達は知恵をしぼります。

たとえば、小さな会食の予約を受けたときに、レストランが満席であったなら、プール際にテーブルを用意するとか、あるいはチャーチの隣にテーブルを作るとか、様々な提案ができます。自分達のイマジネーションの力をフルに発揮して、なんとかお客様のご要望に応えようとします。

でも、宴会場が全部埋まっている日に、「大きな宴会をしたいから、もう一つ入れてくれ」と言われても、物理的な制約があるため、これは無理なことです。

とはいえ、簡単には諦めず、可能な限り、クリエイティビティを発揮しようと試みます。

私がニューヨークのプラザホテルにいたときの話です。

あるとき、シューショウ（靴の発表会）をホテルで開催したいという依頼をいただきました。これは、アメリカ中の靴のメーカーや販売店が集まって行なう大きな展示会で、ファッションショーや新商品の発表会が行なわれます。

でも、予約を希望された日は、展示場として使えるような部屋はすべて埋まっており、「断るか、どうしようか？」と迷っていたのです。

そのとき、一つアイデアが出ました。

プラザスイートを使ってやったらどうだろう。ベッドやソファなどの家具を全部外に出して、一つの展示場にしてしまったらどうか。窓からの景色はセントラルパークで背景も綺麗だ。そこにディスプレイしたら、靴も映えるのではないか。

スイートルームなどは滅多に利用できるものではありません。そこで今までと違った発表会をするのですから、お客様も喜んでくださいました。

これはまさに、**イマジネーションの力**です。

展示会場ではないけれども、客室と、窓からの風景のイメージを組み合わせたら、展示会場以上の雰囲気とステージが提案できるのではないか。こうして、違ったものを組み合わせて新しい価値を作る。現場のイマジネーションの力で、難局を乗り切ることは、仕事の楽しさでもあるのです。

◉雨だからこその楽しみを提案しよう

お客様の期待という点で言えば、リゾートホテルにいらっしゃるお客様は「天気」でがっかりされる方も少なくないように思います。

たとえば、バリ島の雨季。屋外のアクティビティを楽しみに来られるお客様には予約の段階でその旨をお話しします。お客様ががっかりされないように、事前に説明するのです。

中には、その期間しか休暇がとれないからと、雨季でもいらっしゃるお客様がいます。

そのとき天候がよくなかったとしても、「雨で残念ですね」とは言いません。「雨の日だからこその楽しみがあるんですよ」とお伝えして、むしろ「神の恵み」であると思ってもらえるようにしたいのです。

実際に雨季のバリ島では、様々な楽しみ方があります。工芸品を作ったり地元の語り部の方にその土地の話をしてもらうなどのアクティビティでは、単なるレジャーでは終わらない体験ができます。

雨の日のほうが、晴れの日よりも、物語性は高くなると私は感じています。

天候ばかりは誰にもどうにもできません。

だからこそ、どんな状況下でも、お客様のために奥深い物語が作れるよう、提案できることが、プロの腕の見せどころでもあるのです。

■ POINT ■

一見困難に見えることに、奥深い物語が生まれる余地があるのです。

第7章

「信頼」の力を磨く

～成長し続けようとする努力が、
あなたの軸を作る～

「憧れの人」の自然体を目標にしよう

自分の自然体を高めていく努力

「信頼」は、それを築き上げるプロセスで、それぞれの人の個性が反映されます。一人ひとりの「自然体」の中に信頼が宿るからかもしれません。

「どんなときでも『自然体』がいいよ」と言う人もいます。でも、ある人にとっての「自然体」が必ずしも、その場にそぐわない、周りから見て不自然に感じられるケースもあるように思います。

◉「自然体」は、相手が決める

先日、私はあるホテルのロビーで次のような光景を目にしました。

そこには6人ほどの若者グループがいて、お互いに話をしているのですが、その様子に違和感があるのです。

違和感の理由はすぐにわかりました。彼らは、お互いに顔を合わせずに、バラバラの方向を見ながら会話をしていたのです。まったくと言っていいほど、目を合わせないのです。彼らにとってはそれが自然体なのでしょう。しかし、彼らが社会人として働くとき、果たしてその自然体が通用するでしょうか。

自然体とは、自分中心、ということではありません。

あなたの自然体を見て、**信頼が置けるかどうかを判断するのは、あなた自身ではなく、職場の仲間やお客様です。**大切なのは、自分が働いている職場にとって、今、あなたがいる場にとって、「何が自然か」を考えることなのです。

たとえば、リッツ・カールトンで働くのであれば、リッツ・カールトンの価値観とは何か、どういう言葉遣いが自然なのか、チーム内でどういう人間関係を作っていくべきか、を考えながら、一つひとつの仕事に取り組む。そうすることで、自分に足りないものが見えるようになります。

そして、「あるべき自然体」の方向が見えたら、常に意識を持って、自分の「自然体」を引き上げていくのです。

仕事のプロには、今の自分の自然体が、一番力を発揮できる姿なのかを考える責任がある、と言ってもいいと思います。

今の自分の価値観と、自分が求められていることのズレは何か、に気がつけば、周囲の人に受け入れられるように自分を高めていくことができます。

◉憧れの人の「自然体」を勉強する

自然体を高めるには、「自分にはハードルが高すぎる」と思ったときほど、チャンスなのです。

私は、プラザホテルへの入社を希望していたときに、プラザにとって、当たり前のレベルは何か？　プラザにとって自然に振る舞うとは何か？　を考えました。

一番最初にプラザに出会ったときに、プラザで仕事をする人達の存在感に驚きました。存在感は充分にあるのに、邪魔にならないのです。

それは、私が今までいたホテルにはなかった自然体でした。でも、それはプラザの中で仕事をする人達の当たり前のレベルであり、プラザにとっての自然体なのです。

今まで自分がいた「当たり前のレベル」は、プラザに比べると低いレベルの当たり前だった。このことを知ったときに、プラザをもっと研究しなくてはならない、と思ったのです。

だから、**プラザホテルに入社するために、徹底的にプラザの自然体、「型」を勉強しました。**プラザの型とは何か、何が自然体なのか？　どういう言葉遣いが自然なのだろう？　どういう人間関係を会社の中で作りながらチームで仕事をしているのだろう？　プラザにとって一番自然な価値観とは何だろう？　と、研究していくと、見えてくるものがいっぱいあったのです。

この成果もあったのか、私はプラザに入社しました。そのときの経験から、もし、**「あの人のようになりたいな」と思ったら、その人の型をまねて身につけ、そのレベルにまで自分を高める努力をすることも効果があると思います。**

■ POINT ■

その場にふさわしい自然体、そしてより高い自然体を身につけることで、自分を高めよう。

「今日は、誰かを笑わせたかな」

「信頼」の棚卸しをしよう

「自分は信頼されているのだろうか」と迷ったときは、自分の信頼度の棚卸しをしてみてはいかがでしょうか。

◉江戸しぐさに見る「大人としての指標」

その指標としてご紹介したいのは、江戸しぐさの中にある「大人しぐさ」です。

1番目は、どれだけ人を笑わせたかということ。自分の周りの人達を、どれだけ楽しませてあげたかという、大人としての立ち位置です。

2番目は、どれだけ人を立てたか。ほとんど自分がやった仕事だとしても、「自分が自分が」ではなくて、「これは□□くんが頑張ってくれたからできたんですよ」、

「これだけサポートしてもらったから今回、こういう成績になりました。みんなありがとう」と言えるかどうか。これは相手を立てる力です。

3番目は、どれだけ人を育てたか。これは、リーダーに限りません。どれだけ相手の力を引き出してあげたか、ということです。

たとえば、お客様への対応に関して、よいものを持っているのに気がついていない後輩がいたとします。そのとき、「こういうお客さんがいるんだけど、あなたなら、どうする？」と聞いてあげます。そして後輩が「自分だったら、こうします」と言ったときに、「あなたは、面白いことを考えるね！」とコメントしてあげたら、後輩は自分のよいところに気づくはずです。

こう考えれば、誰でも、何気ない瞬間に、他人の力を引き出してあげることができます。一緒に仕事をする仲間として、その人の持っている可能性を引き出している。そういう時間を持つことが大事です。

4番目は、自分の持っているものをどれだけ相手に伝えたかということです。

知識や智恵、スキルなどは、「これはオレだけが知っているぞ」と、自分で抱え込みがちです。でも、そうではなくて、どんどん人に伝えます。何か新しい情報を仕入れたら、それが役に立ちそうな人に話してもいいですし、自分がこれまでに身につけてきた方法を後輩に伝えたり、新たなアイデアを会議のときに提案する、といったことでもよいと思います。

この四つの「大人としての力」を、自分はどれだけ発揮したかを見ていったらどうでしょうか。

毎日5分でも10分でもいいので、「自分はどれだけ人を笑わせたか」、「この仕事は、スタッフの□□さんの助けがなかったらできなかった」などと考えてみます。そして、「明日、お礼を言おう」と気がついたら、それを実行するのです。

信頼を作るために何が足りないのか。棚卸しをすることで、大人としての自分の立ち位置や、足りなかったことが見えてくるものです。

POINT

笑わせたか、人を立てたか、育てたか、どれだけ相手に伝えたか。

エレベーターの沈黙はギフト！

「人と会う力」の磨き方

私は、はじめての人と会うときに、その人について事前に得たすべての情報を一旦保留して、白紙の状態でお会いするようにしています。先入観を排除して相手と向き合い、「何かを感じとる力」を鍛えるためです。

仮に「あの人は、前の会社でこんなことをやったらしいよ」などと、相手のネガティブな情報を耳にしていると、実際に対面したときに、相手の目つきが気になったりしたら、「この目つきが、信用できないと思わせるのかもしれないな」などとネガティブな判断をしてしまいがちです。ですから、先入観が公平な判断をさまたげないように、事前情報にフタをしてしまうのです。

相手をはじめて見た瞬間は、その人に関わるすべての情報が感覚的に入ってくる貴重な時間です。そこでは、時計は日本製なのかロレックスなのか、カフスボタンをする人なのか、靴や服装にどんな趣味を持っているのか、清潔感のある人なのか……といった様々な視覚情報が入ってくるでしょう。話していくうちに、「この人は、人と会うときは鎧《よろい》をつけるタイプのようだな」、「最初から気さくに自分を出す人だな」といった性格に関する情報も見えてきます。

そのとき、第一印象をそのまま受けとめるのです。そして、その第一印象と自分の感覚とを合わせて、この人はどんな人だろうと判断をしていきます。こうすることで「人を見る目」を鍛えることにもつながります。

私はよく若いホテルマンに「毎日たくさんの人と会って、相手に寄り添う力をつけることは、自分自身の力をつけさせてもらっているのと同じことなんだよ」と話してきました。

どんな職場でも、他人との接点は必ずあります。**「人に会う」ことを通して生まれる人間の幅というものは、信頼関係の構築にも直結しています。**人と出会うことで、多くの人に信頼される「人となり」を身につけることができるのだと思います。

◉「気まずい沈黙」もギフトと捉える

日常の中でもこの力を磨くチャンスがあります。

苦手だな、と思っていた人といきなりエレベーターで二人っきりになる瞬間ってありますよね。苦手な上司、苦手な同僚、苦手な先輩……。「早く降りればいいな」と内心思っているのに、どちらも1階から乗って10階、20階まで行く。もちろん、その間黙っているのも手です。**でもこの1階から20階までの時間を、ギフトとしていただいた機会だと思ってみてはどうでしょうか。**

相手がゴルフをやっていることを知っていたら、「最近、また、ゴルフのスコアを縮められたんですか?」、「お忙しそうですが、ゴルフは行っていますか?」などと、ボソッと言ってみます。

相手のことを何も知らなければ、「もう毎日悩みの日々なんですよ。先輩はどうでしたか?」と、相手と目が合った瞬間に口に出してみます。その場には二人しかいませんから、相手も「あ、そうなの」という返事を返してくれるかもしれません。

そのとき、相手にたくさんしゃべってもらうことは期待できません。

でも、「あ、そうなの」で話が終わっても、エレベーターを出るときには「失礼しました」と声をかけていくことができます。ずっと無言でいたら「失礼しました」という声もかけにくくなります。「あ、そうなの」という言葉の雄弁さに気づいてください。

エレベーターで気まずい沈黙が流れる時間。この時間は、苦手な人との距離を縮めるギフトの30秒です。ここで声をかけられたら、相手も、次に何かあったらあいつにちょっと声をかけてみよう、とフックができます。

エレベーターに苦手な先輩がただ一人いて、「うわあ、引き返したいな」と思っても、これはギフトだと自分の中でスイッチを入れる。そんな習慣ができるだけで、人間関係は豊かなものに変わるきっかけになるのです。

■ POINT ■

どんな相手からも「人と会う力」は磨けます。

「いつも、ありがとうね」

謙虚な人ほど信頼がついていく

私には、メンターと呼べる尊敬する師匠達がいます。その方達とお付き合いをしている中でいつも感じることは、皆さんがとても謙虚だということです。社会的に地位が高く、素晴らしい能力を備えた方ばかりなのですが、そのことにあぐらをかいたりはしません。

それはよく考えれば当然のことです。社会的な地位があれば周りの人はちやほやするでしょうが、謙虚さをなくしていたら、その人自身を尊敬し、信頼しようとは思わないはずです。つまり、**信頼されるか、されないかという分かれ目は、その人の謙虚さに左右されると言えるのです。**

リッツ・カールトンもそうです。社長であったシュルツィにしても、非常に謙虚なのです。会社や仕事で成功したとしても、「自分が、自分が」とは言いません。「こういうスタッフがこういうことをやってくれてね」と、自分を支えてくれた人の話をします。
「社長の自分が休んでも誰も気づかない。でも、フロントのあなた方が休んだらホテルは動かないんだ」と。

謙虚さを持つ人とは、どんな年齢や立場になっても、「自分の成長が自分の軸にある人」です。言い換えれば**「自分はまだまだ成長し続けなければいけない」**と思って努力する人です。私の師匠達もそうです。若い人の話もよく聞き、常に学ぼうとしています。

一方、謙虚さがない人は、ある程度の地位を獲得すると「ここまできた自分はすごい」と奢ってしまいます。その瞬間、意欲が止まってしまうのかもしれません。

◉サービスを超えさせる瞬間

ホテルの現場では、お客様がホテルマンに対してどのような言葉遣いをするのかで、その人の謙虚さがわかります。

リッツ・カールトンのお客様で、日本でもトップクラスの企業の取締役の方がいらっしゃいました。そのお客様はホテルマンに対してもとても腰が低い方でした。頻繁にホテルを利用されていたのですが、「自分はお客様だ」という態度を一切見せないのです。

フロントでは、「いつもありがとうね。皆さん、いつも明るくて気持ちがいいよ」と声をかけてくださり、レストランでは、「どうもありがとう。今日も美味しかった。ご馳走さま」と必ずおっしゃるのです。

あるとき、「なぜそんなに謙虚でいられるのですか?」とうかがったことがあります。その答えはこうでした。

「だって皆さん、うちの製品を買ってくれているかもしれないでしょう?」

つまり、ホテルに来たときには自分はお客様ではあるが、自分から見れば、ホテルマン全員がお客様になっている可能性があると言うのです。

社会は「持ちつ持たれつ」の関係で成り立っているという意識を常にお持ちの方でした。

リッツ・カールトンでは、よくお客様もホテルマンも「対等な紳士・淑女」という言い方をしますが、対等な紳士・淑女として振る舞ってくださるお客様に対して、ホテルマンは「サービスを超えさせる瞬間」を覚えます。

それは、「サービスをしている人間が、『この人にはもっとよいおもてなしをしたい』と思う瞬間」のことです。決してひいきするという意味ではなく、人間対人間として信頼が生まれたからこそ、ホテルマンは一人の人間としてサービスを提供したいと思うのです。

ビジネスの場であっても、最終的には個と個の間で本当に信頼できる関係ができあります。会社や肩書きのつながりを超える瞬間を作っていきたいものですね。

■ POINT ■

「もっと成長したい」がなくなったら、謙虚さも失われます。

「今日聞いたことは、ウチでやってはいけないことなんだ」

信頼の「軸」を決めたら、それを磨き続ける

信頼を持続させるためには、やるべきことと、やってはいけないことがあります。

あるビジネスホテル・チェーンの話です。

そのホテルは低価格ではありますが、常に掃除が行き届いていて清潔感があり、何よりもスタッフの笑顔と応対が抜群で、宿泊客の満足度も常にトップクラスです。

私は悪いクセで、どこのホテルに泊まっても、ホコリが溜まっていそうな椅子の脚部分などを指で触ってみたりするのですが、そのホテルではホコリがついてくることはまずありません。ここに、そのホテルで働く方々の本気度を感じました。

あるとき、そのホテルの会長が部下の若い女性達を連れて、私の講演会に来てくだ

さいました。皆さん、メモをとりながら熱心に聞いてくださいます。やはり勢いのある会社の方は違うなと感じていました。

そして講演終了後のこと。会長のところにご挨拶にうかがうと、彼は私をスタッフに紹介しながら、にっこりと笑ってこうおっしゃいました。

「みんな、わかったね。今日高野さんから聞いたことは、うちではやってはいけないことなんだよ」

すると、スタッフの方も「会長、そうですね。よくわかりました」と素直にうなずいていています。

これには私も驚きました。「やってはいけないこと……ですか」

そこで会長は、スタッフに目をやりながらこうおっしゃいました。

「高野さんの講演は、我々に二つのメッセージを伝えてくれます。一つは仕事をするプロとしての軸、立ち位置です。これはホテルの価格やランクなどに関係なく、誰でも心がけるべきことです。うちのホテルも、そこは徹底しています。そして、もう一つのメッセージ。それは、ホテルの仕様の部分です。廊下に漂う香り、ふかふかの絨毯《じゅうたん》、高級な什器備品などは、それぞれのホテルが提供する価値によって変わってきます。今日、うちのスタッフは、会社の理念が間違っていないことが確認できて勇気づけられたはずです。そしてハードに関して言えば、リッツは反面教師なのです。うちのホテルではやってはいけないことのヒントがたくさんあるんです」

なるほど、そういうことなのかと納得するのと同時に、脱帽の思いでした。

確かに価格の高いリッツ・カールトンのサービスやホスピタリティは、定評があります。でも低価格であってもお客様に寄り添い、要望にお応えすることはできるのです。そのとき、利便性や価格を重視するお客様に、リッツと同じようなアロマの香りや、豪華なお花を「さあどうだ」と押しつけては、ホテル側の自己満足に陥ってしまう危険性がある。当然、経営を圧迫することにもなりかねない。だから「自分たちの提供する価値を見失わないようにしなさい」というのが、会長のスタッフに対するメッセージだったのでした。

◉「何をしないか」を決める

何か新しくて魅力的なことを見たら、誰でもつい色気が出てそれを真似したくなるものです。でも、それをしてしまうことで、これまで自分たちが築き上げてきた企業価値やブランドに対する自信と誇りが、少しぶれてしまうことがあります。社員の自信と誇りは、働き方の軸を作ります。その軸がぶれると、お客様からの信頼が揺らぐことになりかねません。

リッツはリッツ、自社は自社。仕事に対する姿勢や理念は、どちらも変わりない。しかし、それをサービスという目に見える形で、お客様に届けるときの「型」には大きな違いがある。そのことをきちんとわきまえて、ぶれない軸で「型」を作っていくことが、大切です。

「今日聞いたことは、やってはいけないこと」

この一言に、会長の経営哲学、経営理念に対する、確固たる信念を垣間見た思いがしました。

自分がフォーカスすべきところにフォーカスする。それを続けて自分なりの軸が出てきたら、丁寧に磨き続ける。そんな仕事が「信頼」につながるのです。

POINT

何を大事にして、何を取り入れないか。それが信頼の軸を作ります。

おわりに

「気持ちのよい挨拶」

「明るく爽やかな笑顔」

「身の回りの整理整頓」


これはリッツ・カールトンがとても大事にしていることです。

特に、挨拶と笑顔は、人間関係を作るときの第一歩です。誰もが持っていて、しかもお金が一切かからない宝物でもあります。どんどん周りに振りまけば、自分の人間関係は豊かで信頼に満ちたものになっていきます。


ところが、不思議なことに挨拶と笑顔を出し惜しみする人が多いのです。

仕事柄、飛行機で移動することが多いのですが、朝の便だと、搭乗口で乗務員の方が気持ちのよい笑顔で、「おはようございます」と迎えてくれます。

このときに「おはようございます」と声に出して挨拶を返す日本人は、ほとんどいません。

数年くらい前から、企業から挨拶の効用を研修内容に盛り込んで欲しいという依頼が増えてきました。

その背景として、私は、挨拶が限られた条件下での「セレモニー」になってしまったからではないかと考えます。

学校で勢揃いしたときや、営業で人と会うときは、セレモニーだから挨拶ができる。でも同じ会社の人間同士では、セレモニーではないので挨拶をしない。

しかし、社員が幸せそうに働いている会社では、挨拶は対話の大切な一部になっています。

そこからは心の活力と、確かな信頼関係が生まれています。

こんな話があります。

英国の軍隊で、兵士達の士気が上がらないため、コンサルタントに知恵を求めました。現場を視察した後にもらったアドバイスは、極めて単純なものでしたが、効果は絶大でした。それによって兵士達の表情に生気が蘇り、動きもキビキビとしてきたそうです。

そのアドバイスとは、

「今よりも3倍大きな声で挨拶を交わすこと」

それだけでした。

そんなバカなと思いながらも、高いコンサル料を払っているので、半信半疑にはじめたところ、1週間も経たないうちに、表情も姿勢も変わり、士気も格段に上がったのです。当然ながら、兵士達の信頼関係も強固なものになっていったそうです。

リッツ・カールトンでも実感したことですが、信頼に裏打ちされた豊かな人間関係を築くうえで、気持ちのよい挨拶や笑顔に勝る潤滑油はないのです。

ところで、前述の飛行機の搭乗口での話には続きがあるのです。

実は、乗務員の方達に気持ちよく挨拶を返しながら搭乗する一握りの方達もいらっしゃいます。

そしてほとんど例外なく、彼らが向かうのはファーストクラスなのです。

いかがでしょう。

皆さんは、ご自身の人生でどんな物語を紡ぎ出されるのでしょうか。

この本をお読みくださった皆さんが、明日から信頼の物語を大事に育てていかれますことを心から願っています。

高野登

高野　登（たかの　のぼる）
1953年、長野県戸隠生まれ。ホテルスクール卒業後、ニューヨークに渡りホテル業界に就職。NYプラザホテル、LAボナベンチャー、SFフェアモントなどでマネジメントを経験。90年、サンフランシスコのリッツ・カールトンの開業に携わる。93年にホノルルオフィスを開設。翌94年に日本支社長として帰国。ブランディング活動を展開しながら、97年に大阪、2007年に東京の開業をサポート。2009年、長野市長選出馬のため退社。3週間の準備期間で現職に651票差に迫るも惜敗。2010年、人とホスピタリティ研究所設立、現在に至る。著書に、『リッツ・カールトン　一瞬で心が通う「言葉がけ」の習慣』（日本実業出版社）、『リッツ・カールトンが大切にする　サービスを超える瞬間』『リッツ・カールトンで育まれたホスピタリティノート』（ともにかんき出版）など。

リッツ・カールトン
たった一言《ひとこと》からはじまる「信頼《しんらい》」の物語《ものがたり》

2013年3月1日　初版発行

著　者　高野　登
発行者　吉田啓二

発行所　株式会社日本実業出版社　東京都文京区本郷3−2−12　〒113-0033
大阪市北区西天満6−8−1　〒530-0047
編集部　☎03-3814-5651
営業部　☎03-3814-5161
振　替　00170−1−25349
http://www.njg.co.jp/

印刷／堀内印刷　製本／共栄社

この本の内容についてのお問合せは、書面かFAX（03−3818−2723）にてお願い致します。
落丁・乱丁本は、送料小社負担にて、お取り替え致します。

ISBN 978-4-534-05046-5　Printed in JAPAN